> できた！が ふえる

> 運動が 好きになる！

スタジオそら式

おうちでできる

マット・鉄棒 とび箱

スタジオそら／発達障害療育研究所

河出書房新社

はじめに

子どもの「できた！」を引き出し、「やりたい」を育むために

　運動は、健康のため、からだを鍛えるため、楽しみのため、といったさまざまな目的を持って取り組むことが可能です。また、おおよそ生涯にわたって継続することができる、という特徴もあります。その一方で、運動が苦手、運動が嫌い、という子どもたちも一定数います。そのような子どもたちのなかには、運動のポイントを知らないだけ、運動ができるようになるための練習方法を知らないだけの子どもたちもたくさんいると、我々は歯がゆい思いで接してきました。

　我々、アース・キッズ株式会社の「スタジオそら」は、年間1,000人以上の子どもたちに対して、5万回以上の療育プログラムを提供しています。また、これらの療育で提供されるプログラムのほとんどは、臨床心理学の考え方である「認知行動療法」(Cognitive Behavioral Therapy: CBT)や「応用行動分析学」(Applied Behavior Analysis: ABA)に裏打ちされた、エビデンスに基づく内容や手続きとなっています。このような実践と理論によって培われた運動に対する療育プログラムのエッセンスを、家庭でもできるようなトレーニング方法として整理を行ったものが本書です。

　本書で紹介するプログラムは、マット運動、鉄棒、とび箱の、学校の体育でも取り組むことの多い3つを取り上げています。

　本書の特徴として、マット運動、鉄棒、とび箱ができるようになるには、どのようなポイントに気をつけたらよいのか、どのような工夫で子どもが楽しく、保護者

も楽しく練習ができるのか、といった視点でプログラムを構成している点が挙げられます。本書に基づいたプログラムを展開することで、マット運動や鉄棒、とび箱だけではなく、他の運動へ応用できるような、からだの使い方や力の入れ方を習得することができるかもしれません。

　また、本書を通して、保護者の方々に知っていただきたい声かけのポイントも、共有できることを期待しています。声かけにおけるポイントは、お片づけなどの生活場面や、宿題などの学習場面にも応用可能です。コラムと合わせて、ご覧いただけると幸いです。

　本書の通りにチャレンジしてみても、やっぱりうまくいかない、ということもあるかもしれません。そんなとき、焦って何度もくり返して取り組ませることは、かえって逆効果になることもあります。今日中になんとかできるようにしなければ、と考えるよりも、また今度やってみよう、興味が出てきたときにチャレンジできるよう取っておこう、と考えて、子どものモチベーションが上がったり、体力的に成長したりするタイミングをうかがって、再チャレンジすることも大事です。

　本書が、保護者と子どものコミュニケーションの架け橋となり、子どもの「できた！」「運動っておもしろい！」という体験や、「やればできるんだ！」という達成感を育むきっかけとなりますように。また、保護者の方にとっても、子どもとのかかわり方の選択肢が増えることにつながれば、大変うれしく思います。

アース・キッズ株式会社／スタジオそら／発達障害療育研究所　顧問

桜美林大学　小関俊祐

もくじ

PART1 「できた！」をサポートするために

運動が好きになるには ……………………………………… 8

どうして運動が得意な子と苦手な子がいるの？ ………… 10

運動が苦手な理由 ❶身体的要因 ………………………… 12

運動が苦手な理由 ❷認知的要因 ………………………… 14

運動が苦手な理由 ❸心理・社会的要因 ………………… 16

子どもを「できた！」に導く！「スモールステップ」の組み立て方 … 18

「できた！」を引き出す！上手な「サポート」の出し方 … 20

「できた！」を増やす！維持する！上手に「ほめる」ポイント！ … 22

COLUMN ❶ 子どもの注意をひくために ……………… 24

PART2 マット運動

プログラムの流れ ………………………………………… 26

1 ゆりかご ………… 28
● ねこのきもち ……… 30
● タオルキャッチ …… 32
● キープ＆タッチ …… 34

2 前転 ………………… 36
● どこかな？ どこかな？ ………… 38
● どこどこ？ くまさんのおへそ …… 40
● かえるの足打ち ………… 42

3 後転 ………………… 44
● ぺったんこ！ ぴったんこ！ …… 46
● ピン！ピン！足じゃんピン！ …… 48
● ひっくり返ってえびポーズ …… 50

COLUMN ❷ うまくいかないときの工夫のポイント ………… 52

PART 3 鉄棒

プログラムの流れ …………………………… 54

1 ツバメ …………………………… 56
- お寿司やさんごっこ ………………… 58
- バルーン名人 ………………………… 60
- ドキドキ！線わたり ………………… 62

2 前回り …………………………… 64
- 何が出るかな？ ……………………… 66
- しゅるぴた！ ………………………… 68
- クルッとひざタッチ ………………… 70

3 逆上がり ………………………… 72
- とびこせトントン！ ………………… 74
- かべまで届け！にょろ転 …………… 76
- 足裏ゴシゴシ ………………………… 78

COLUMN 3 楽しみながら実施するポイント …………… 80

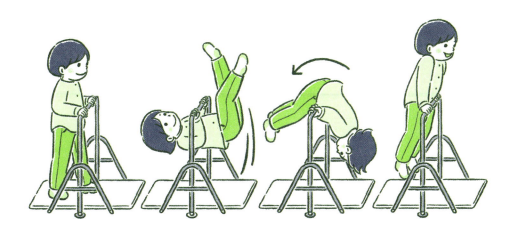

PART 4 とび箱

プログラムの流れ …………………………… 82

1 助走・踏みきり …………………………… 84
- 走ってタッチ♪ …………………………… 86
- 走ってぴょーん …………………………… 88
- ケン・グー・パー ジャンプ！ …………… 90

2 開脚とび乗り …………………………… 92
- ピタッと！ つかまえろ！ ………………… 94
- ぴょこぴょこレース ……………………… 96
- 箱スライダー ……………………………… 98

3 開脚とび ………………………………… 100
- ぴょこぴょこよけよけ …………………… 102
- ロケット発射！ …………………………… 104
- ヒーローになろう！ ジャン・パー ……… 106

おわりに …………………… 108

チャイルドラボについて …… 111

PART 1

「できた！」を サポートするために

子どもの「できた！」という達成感を引き出すには
いくつか大切なポイントがあります。
練習の組み立て方やサポートの仕方、効果的なほめ方など、
ぜひ参考にしてください。
運動が苦手な子どもによく見られる要因も解説しています。

運動が好きになるには

心やからだの成長に大切な運動は、
得意にならなくても「好き」になってほしいもの。
運動のメリットを理解して、サポートしていきましょう。

子どもは運動が好き？それとも嫌い？

みなさんは「運動」が好きですか？「運動」と聞いて、どのようなイメージを持ちますか。

スポーツ庁の調査（2023年）によると、国公私立の小学5年生（約99万人）へのアンケート調査で、「運動やスポーツをすることは好きですか？」という問いに対し、「好き」と答えた児童の割合は、男子が72.1％、女子が54.6％でした。

同様の調査（2021年）では、運動やスポーツをすることが好きな理由や嫌いな理由について聞いています。

好きな理由は、「友だちや仲間と一緒に活動ができる」「すっきりした気分になる」「小学校入学前から体を動かすことが好き」というものでした。

一方、嫌いな理由は、「体育の授業でうまくできない」「入学前からからだを動かすことが苦手」「ケガをするのが怖い」だったことが報告されています。

また、同調査（2023年）は国公私立の中学2年生にも実施されており、運動やスポーツが好きと答えた割合は、男子が63.0％、女子が43.0％と、小学生に比べると「好き」と答えた割合が少なくなっています。

この傾向は、約5年間の推移を見ても変わっておらず、嫌いな理由には「中学校入学前からからだを動かすことが苦手」「保健体育の授業でうまくできない」など、苦手意識によって運動が嫌いになってしまう様子が認められています。

私たちが子どもの頃から運動の機会を持つことには意味があります。

運動のメリットにはどんなことがあるでしょうか、次のような点が考えられます。

■体力がつき、活動の幅や意欲が高まる
■骨や筋肉が成長する、柔軟性が高まる、心肺機能や免疫力が向上する
■血流がよくなる、自律神経が整うなどの健康なからだにつながる
■身体機能の向上によって、危険回避につながる
■運動を通して、うれしい、楽しい、悔しいなどの豊かな感情が育まれる
■できることが増え、達成感を得られる
■成功体験を積むことができる
■ルールや社会性が身につく
■人と交流が持てる、協調性が身につく
■ストレス発散や解消の方法になる

　運動は心身を健康に保ち、健やかな成長を促してくれます。継続的な運動習慣を、できるだけ子どものうちに身につけたいものです。

運動が好きになるために

　本書は「運動能力の向上」だけでなく、「運動が好きになること」を重視しています。運動はよいとわかっていても、頑張ったり、上達のためにさまざまな練習を試みることには一定のストレスを伴います。運動を楽しめないと、続けたい気持ちが維持できず、運動によるメリットを得る機会を失ってしまうかもしれません。
　運動は、子どもだけでなく、大人になっ

てからも重要です。長く、楽しく続けられるように、「運動が好きになること」に着目して、運動を楽しめるとよいでしょう。
　では、どうすれば運動が好きになるでしょうか。
　心理学のアプローチの一つである認知行動療法では、「人は行動を起こしたあとの結果として、その人にとってよいことが起こるとその行動が増える」と考えられています。「友だちと運動したら楽しかったから、またやりたい」「記録に挑戦して達成したことがうれしかったから、もっといろいろなことにチャレンジしてみたい」などと思えるとよいでしょう。
　とくに、小学校低学年までの子どもは、うまくいかなかったときに、「どうしてその動作ができなかったのか」を客観的に捉えることはまだ難しいでしょう。結果として、「できた、できなかった」ばかりに注意が向きやすく、「自分にはできない」「難しいからつまらない」などと、自信や意欲を失ってしまうことがあるかもしれません。周囲の声かけや、子どもに合ったプログラムを工夫することで、「これなら自分にもできるかも！」という気持ちを持てるようにサポートしましょう。
　からだを動かすことが「楽しい！」と思える体験や方法を身につけることができると、将来的にも健康な心とからだを維持することにつながります。「できた！」や「楽しい！」を、運動で身につけていきましょう。

PART
1

「できた！」をサポートするために

どうして運動が得意な子と苦手な子がいるの？

運動が苦手な子どもには、どのような背景があるのでしょうか。

誰にでも得意・不得意はあります。

できることにも目を向けながら、「苦手」について考えてみましょう。

子どもの得意・不得意を理解する

人は誰でも得意・不得意があります。「運動は得意だけど、絵を描くのは苦手」「運動は苦手だけど、歌うのは上手」「スポーツはできるけど、勉強は苦手」……。子どもは成長とともに、運動、芸術、勉強などのさまざまな活動をしながら、自分には得意なことや苦手なことがあることや、自分の持っている力や興味などについて徐々に理解していくでしょう。

また、「走るのは速いけど、ボールを遠くに投げるのは難しい」など、からだの使い方や運動の種類によって、細かな得意・不得意や好き嫌いもあります。

子どもは成長過程で徐々に筋力や力のコントロールが身につき、得意や苦手が変化することもあります。また、大人になってから、運動について興味や関心の幅が広がることで、好きになったり、力が伸びたりする場合もあります。

一方で、発達の課題を抱える子どもたちのなかには、身体的機能や脳の機能などの発達にアンバランスさがあるために、つまずくポイントが周囲と異なっていたりすることもあります。

詳しくは17ページで紹介しますが、とくに集団指導では、同じ指導方法や練習時間、声かけになるため、十分に力を発揮できない子がいるかもしれません。園や学校に入ると、同じ学齢の子どもたちとの比較が生まれたり、カリキュラムによる目標があったりして、「○○ができるよう

にならなければ」という気持ちが強くなる子どもや保護者もいることでしょう。

日本スポーツ振興センターによる報告（2022年）では、保護者が子どもの発達や青少年スポーツについて正しい知識を持っている場合に、運動好きの子どもが多いと報告されています。得意・不得意を理解しつつ、親子で一緒に楽しむことを大切にしていきましょう。

体育で行われる「粗大運動」とは

学校の体育で取り組む運動は、からだを大きく動かす「粗大運動」です。これは、全身を使った運動で、主に歩く、走る、とぶ、投げるなどの動きのことです。人は、からだ全体を上手に使うことで、姿勢を保ったり、バランスをとったり、移動したりするなど、生活に必要な動作を、成長とともに身につけていきます。

本書で紹介するのは、主に小学校低学年の体育で実施する「マット運動、鉄棒、とび箱」の基本です。これらの運動を通して、からだづくりや身体機能の向上、感覚や認知能力を養うことができます。

たとえば、マット運動では、柔軟性を高めたり、手足でからだを支える筋力をつけたりすることができます。鉄棒では、回転する感覚や逆さになる感覚を理解し、バランス力を養うことができますから、日常生活でとっさに体勢をくずした場合

でも、転倒を防止することが可能になるでしょう。

とび箱では、リズムや勢いをつけてからだをコントロールすることで、からだの動きをイメージして自在に動かす力が身につきます。このように、運動を通して発育や発達を促すことができるのです。

運動が苦手な場合の背景

運動を行うときには、身体的能力（筋力や体力、柔軟性、瞬発力など）だけでなく、「ボールに注意を向け、目で追う力」「相手の動きを判断する力」など、認知的能力を要することがあります。

また、子どもは、未経験であったり、予測を立てるのが苦手であったりすると、「速いボールが飛んでくるのが怖い」「自分にできるかどうかわからない」という不安や恐怖心を抱くこともあります。そうした心理的な側面の影響でチャレンジすることを拒むなど、経験を積むことができないままになることもあるでしょう。

このように運動が苦手な場合には、「からだ」「認知」「心」の3つの側面を理解する必要があります。

本書では、これらの要素を含め、「なぜその運動が苦手なのか」を、子どもの視点に立って理解できるよう解説します。また、「楽しく運動に取り組むこと」を重視したプログラムを紹介していきます。

PART
1

「できた！」をサポートするために

運動が苦手な理由 ① 身体的要因

運動が苦手な場合、その背景にはさまざまな要因があります。
お子さんに当てはまる要因があるか、考えてみましょう。

からだを上手に使う「協調運動」とは

「協調運動」とは、手と足を同時に動かすなど、複数の動作を同時に行う運動のことです。

たとえば、走りながら手をしっかりと振る、ボールを見ながら手でキャッチするなどが挙げられます。からだをコントロールしてバランスを保つことにも関係しており、多くのスポーツに必要な要素です。スポーツが苦手な人のなかには、筋力や柔軟性以外に、協調運動を苦手としている可能性があります。

一般的に「不器用」「運動神経が悪い」などと表現される子どもの場合、もしかしたら協調運動の発達に課題があるかもしれません。苦手の原因を努力や練習量の問題として捉えてしまうと、効果的な指導やサポートにつながらず、子どもにとって運動がつらくなってしまう場合があります。

また、自転車に乗ったり、板書をしたりするのにも協調運動が必要ですから、日常生活や学校生活で困っていることがあるかもしれません。苦手なことを理解し、サポートしてあげることが必要です。

本書では、一つの運動種目の工程を細かく分け、必要な動作を示すことで、つまずきを理解できるよう提示しています。どこでつまずいているのかを観察し、理解しましょう。そして、「背中を丸める、を意識してみよう」それができたら、「背中を丸めながら手を伸ばす、をやってみよう」

などと、一つのことから複数のことへと
ステップアップできるとよいでしょう。

運動や生活に重要な からだの部位「体幹」とは

「体幹」とは、腕や足を除いた胴体部分、
おなかや背中のことを指します。体幹は
姿勢をつくったり、バランスをとったりす
るときに重要な部分です。手足の動作と
連動して動きを支えたり、機能を向上さ
せたりします。

　スポーツにおいても体幹は重要です。
たとえば、野球のバットを振るときは、腕
だけではなく体幹をねじる動作が必要で
すし、水泳では体幹が安定することで、効
率よく速く泳ぐことができます。

　体幹の筋力が弱かったり、上手に使え
ていない子どもは、姿勢が悪くなったり、
ぎこちない動きをしたりすることがあり
ます。猫背や、ほおづえをつく姿勢は、一
見やる気がないように思われがちですが、
体幹の弱さが要因かもしれません。

　また、からだを支える力が不足してい
るため、集中力が低下しやすく、疲れやす
くなります。まっすぐ歩けずにフラフラ
したり、転倒してケガをしてしまったり
する場合もあるかもしれません。

　本書では、姿勢を維持したり、からだを
持ち上げたりするプログラムで、体幹を活
用する場面があります。正しい姿勢がで
きているかどうかを確認しましょう。

運動にも必要な見る力 「眼球運動」はどうか?

「眼球運動」とは目で物を捉える力のこと
で、たとえば、動くボールや相手の動きを
目で追うことなどが挙げられます。

　次の方法を試してみましょう。

　2本の棒を20cmほどの間隔で片手ず
つ持ち、子どもの目の前に出して左右交互
に注視してもらいます。すると、眼球をス
ムーズに動かせなかったり、頭が一緒に動
いてしまったりする子どもがいます。

　また、1本の棒を目の前に近づけ寄り目
をつくったり、棒を離して視野を広げたり
することや、ランダムに浮遊する物を目で
追うこと、あるいは一定時間見続けること
などが難しい場合もあります。

　動く物に対して目でスムーズに追うこ
とができているか、自分が動きながら見る
べき対象物に視点を合わせられているか
を、観察してみましょう。

　このような動作が苦手な場合は、たとえ
ば、ボールを投げる前に、「今から投げるよ」
と注意を向けさせ、ゆっくりとした動きを
追うことから練習しましょう。眼球運動が
苦手だと目が疲れやすいので、適度に休
憩をとることも大切です。運動時に目で
捉える力がうまく活用できているか、次の
ページで解説している注意機能と合わせ
て確認しましょう。

運動が苦手な理由 ❷ 認知的要因

運動を行うときは、筋力などのパワーだけでなく、物事を捉えたり判断したりしながら、身体動作につなげることが必要です。

「ボディーイメージ」や距離感覚、力の加減が難しい

「ボディーイメージ」とは、からだの大きさや動き、状態などを認識し、自分のからだをイメージすることです。

たとえば、どのくらいの距離から手を伸ばせば物をつかめるか、左右の腕を水平に上げるとき同じ高さにできるか、自分と相手のからだの大きさや高さの違いを把握しているか、といったことです。

ボディーイメージができていると、からだを上手に動かせるようになり、スムーズに運動をしたり、集団生活に適応したりすることが可能になります。

しかしながら、ボディーイメージが苦手な子どももいます。たとえば、同じポーズをとるように指示を出しても、向きや高さが違っていたり、左右が一致していなかったりして正確な動作をスムーズにできないケースです。

また、距離の感覚や、力の入れ方の加減が苦手な子どももいます。ボールを強く投げてしまったり、人にタッチしようとして力が入りすぎてしまったりすることがありますが、「わざとやっている」「相手の気持ちが考えられない」などと決めつけず、距離の感覚や力の加減が苦手なのかもしれないという視点で、コントロールができるかどうかを確認しましょう。

ボディーイメージが苦手でも、「手のひらはどっちを向いているかな？」などの言葉かけで気づくことができる子どももいます。気づいて直せたら、「合っている

よ」とフィードバックをし、身につけさせていきましょう。実際、言葉だけの説明では難しいことも多いので、身体補助をしながら、適切な位置や向き、力の加減を教えましょう。たとえば、ぶつかっても痛くないように新聞紙を丸めた棒を用意し、からだをコントロールしてくぐってみるなど、安全面に配慮しながら、遊びやゲーム感覚で楽しめるとよいでしょう。

距離感覚や力の加減が苦手な子どもの場合、まずは安全を確保するための環境調整が必要です。物や人、壁にぶつからないかどうか、道具を投げたときに危険がないかなどに配慮しましょう。

「注意機能」が運動に関係する？

運動には注意（意識）を向ける力も必要です。「注意機能」とは、❶選択して注意を向けること、❷注意を集中して維持すること、❸注意を切り替えて移すこと、❹複数の対象に同時に注意を向けること、などの機能を指します。

❶情報を取捨選択して注意を向ける

たとえば、鬼ごっこをしているときに、誰が鬼かを見極めることです。これが苦手な場合、たくさんの人がいると視覚的な情報が混乱しやすく、鬼が誰かわからないまま走り回り、気づいたらつかまっていた、というようなことがあるかもしれません。

❷注意を集中して維持する

たとえば、キャッチボールで相手のボールに目を向け、さらに飛んでくるまでの間、ボールに注意を向け続けることです。注意の集中が持続することで、しっかりとボールがキャッチできます。

❸注意を切り替えて移す

これは切り替え力ともいえます。サッカーで自分のチームがボールを奪ったときに、守りから攻撃へ転じるために素早く方向転換をし、次のプレーに集中する、といったようなことです。一方で、刺激に過剰に反応して、注意があちこちに向いてしまう子どもの場合、落ち着きのなさが生じてしまうことがあります。

❹複数の対象に同時に注意を向ける

たとえば、野球でピッチャーがバッターに投球する一方で、盗塁をねらうランナーにも注意を払う必要があることなどが挙げられます。

複数のことに同時に注意を向けることが得意なタイプもいれば、一つのことに注意を集中して力を発揮することが得意なタイプもいるため、場面や状況によって得意・不得意を活かせるとよいでしょう。

本書で解説しているマット運動、鉄棒、とび箱でも、「手を置く位置」「足を上げるタイミングと場所」など、必要な情報に注意を向けることが、課題を達成することにつながります。子どもが適切に注意を向けられているかどうか、を確認しながら行いましょう。

運動が苦手な理由
❸ 心理・社会的要因

子どもの特性を理解し、サポートすることで、
前向きにチャレンジすることや、効果的な練習ができるようになります。

見通しを立てることが苦手で恐怖心が強い

　運動に限らず、日常生活で「こうしたらこうなる」という想像をするのが苦手な子どもがいます。「宿題の量が多く、夜に始めたら終わらなかった」「いつもと違う時間に起きたら、何時までに何をすればよいかわからず遅刻してしまった」など、ゴールに対する見通しを立てることができずに失敗をくり返してしまう、というケースがそうです。

　見通しを立てるためには、物事がどのように進むかを具体的に検討することが必要です。しかし、それが苦手な子どものなかには、想像ができないことが原因で行動自体を避けてしまう場合もあります。

　たとえば、「いつも通っている道が工事中で、別の道を通らなければいけないが、安全にたどり着けるかわからず行けなくなる」とか「少しでも材料が変われば味が違ってしまうかもしれないので、いつもと同じものしか食べられない」など、想像することや予測を立てることが難しいために、「どうなってしまうのかわからない」という恐怖にとらわれて、普段の行動以外をとることが難しくなってしまうのです。

　運動の場面では、はじめて挑戦することがたくさんあります。チャレンジをしたがらないのは、やる気がないのではなく、どうなるかわからなくて怖いのかもしれません。「マットに転がったら首を痛めるのではないか」「鉄棒で上体を倒した

ら落ちてしまうのではないか」という恐怖心で、身がすくんでしまっているのかもしれません。

そんなときは、より具体的に「転がるときにからだが丸くなっていれば大丈夫だよ」「落ちないように、ここを支えているよ」などと伝えて、子どもが安心感を得られるようにサポートしましょう。

「鉄棒を握っていれば尻もちをつくことはない」「とび箱はここに手をつくと、うまくとべる」などの見通しが立つと、成功のイメージを持つことができます。

子どもによっては、口頭の説明だけではイメージするのが難しいこともあります。「こうしたらこうなる」をイメージしやすいように、お手本を見せたり、イラストや写真で説明したりするなど、視覚的に伝えてみましょう。「安全である」ということをしっかりと伝え、できるところから取り組むことが大切です。

また、できたときには「○○したからできたよ」と、どのような行動がよい結果につながっているのかをフィードバックすることも重要です。できたことを具体的に伝えることで、次の機会では見通しを立てることができ、もう一度やってみようという気持ちにつながります。

▶ 集団指導だと 力を発揮しにくい子ども

運動を学ぶ機会が、園や学校、スポーツクラブなど集団活動の場合、指導者の指示を理解することや集団への適応が困難なことによって、力を発揮しづらいことがあるかもしれません。

たとえば、注意の集中や言語理解が苦手な場合、指示が聞き取れなかったり、動きのポイントを理解していなかったりして、練習にうまく取り組めず、上達に時間がかかっているかもしれません。

また、記憶することが苦手だと、口頭による一斉指示では、複数のプロセスが必要な運動を覚えられなかったり、ルールがわからなかったりすることもあるでしょう。

このような場合は、個別での支援を行ったり、集団指導に工夫を取り入れる必要があります。とくに、個別でも集団でも活用できる「視覚情報」の活用はおすすめです。本書を用いて運動の工程を示したり、イラストや写真を使って説明したりするなど、伝わる工夫をしてみましょう。

また、他者からの注目や他の子と比較されるような場面では、「上手にやらなきゃ」という緊張や不安で、からだが思うように動かなかったり、挑戦を避けてしまったりすることもあるかもしれません。

失敗体験を重ねてしまうと、恐怖心や自信のなさがよりいっそう強くなってしまうこともあります。指導者や支援者、保護者などの周囲が、運動スキルの指導だけでなく、子どもの意欲や自信を養うことも重要です。

子どもを「できた！」に導く！「スモールステップ」の組み立て方

子どもの達成感を得られやすくするために、「スモールステップ」という考え方に基づいて目標設定をしていきます。ここではスモールステップのポイントを紹介します。

「スモールステップ」って何？

「スモールステップ」とは、目標達成に必要な手続きを細かく分け、比較的簡単な要素からチャレンジし、一つずつ達成していくことで、最終的に大きな目標にたどり着くことをめざすアプローチです。

マラソンを走るときに、42.195km先を最初からイメージしてめざすのではなく、次の電信柱まで頑張ろう、次の曲がり角までは、このペースで走ろう、と、目の前の目標を設定して取り組むことなどがいわれますが、これもスモールステップの考え方と一緒です。

大きな目標や難易度の高い目標は、なかなか達成しにくくかったり、あきらめて

しまったりしがちですが、スモールステップによって、比較的早い段階で小さな「達成感」や成功体験を積むことができ、自信にもつながって、挫折しにくいことも知られています。

子どもの運動支援だけではなく、勉強や習い事、大人のスポーツやビジネス、国家課題の目標設定などにも活用されている考え方です。

「スモールステップ」を組み立てるポイント

「スモールステップ」を組み立てるためには、まず、最終目標を決めます。最終目標を決める際にも、可能な限り具体的に、明確な基準を示して設定することがよい

でしょう。

たとえば、「できるだけ運動する」だと、どれくらいの時間、回数、どのような運動を実施すれば達成となるのかがわかりません。また、「サッカーの試合でゴールを決める」とか「テストで100点を取る」といった、自分の努力だけではない要素が含まれたり、結果だけに着目したりするような目標設定もおすすめしません。

最終目標が決まったら、目標に到達するために必要な行動を細かく設定していきます。まさに、スモールなステップを構築していくわけです。

たとえば、「規則正しい生活を送ってほしいな」という願いから、「夜は21時に寝る」という最終目標を立てたとします。次に、21時に寝るために必要な行動として、①学校から帰ってきたら16時までには宿題を終わらせる、②次の日の学校の準備が終わったら遊んでもOK、③18時までには晩ごはんを食べる、④20時までにお風呂に入る、⑤歯磨きなど就寝の準備、⑥20時50分にはお布団へ──といった形でスモールステップを設定します。

これらのステップを保護者が設定して一方的に子どもに伝える、というよりも、上記の例のように子どもと一緒に相談しながら設定したり、子どもが「やってみようかな」と思えるように、お楽しみの要素も組み込んだりするとよいでしょう。

スモールステップが設定できたら、一つずつクリアしていくことになりますが、①から順番に取りかかることが絶対条件ではありません。子どものできるところから、また、保護者が声をかけやすいところから、あるいは、家族として取り組みやすいところから始めるようにしましょう。一度に全部をクリアする、というよりも、あくまでもスモールステップですから、「一つずつ取り組む」ということを、何度も子どもと相互に確認し、クリアしていくことをおすすめします。

できて当たり前のステップもクリアしたらほめる

そしてクリアできたことを、子どもと一緒に家族みんなで喜び、ほめて、次のステップへチャレンジするエネルギーとしましょう。ほめるときには、できて当たり前のこともほめることが大事ですし、うまくいかないステップがあれば、一つ戻って、しっかりと達成感を確認することが重要です。

このようなスモールステップは、具体的に文字やイラストで示して、子どもと一緒に、ステップを上がっている様子を確認しながら取り組むこともよいでしょう。楽しみながら、無理なく続けられるようなところからスタートすることが、成果につながるポイントといえます。

「できた！」を引き出す！
上手な「サポート」の出し方

ひと言で「サポート」といっても、
それにはさまざまな種類があることが知られています。
ここでは、サポートの種類とその特徴について紹介していきます。

「あとひと息」を補助
「からだを使ったサポート」

プログラムを達成するうえで、頻繁に用いられるのが、「からだを使ったサポート」です。具体的には、子どものからだを支えたり、持ち上げたり、押さえたりすることです。

子どもの場合、筋力が十分についていなかったり、からだの使い方や力の入れ方、抜き方がわかっていなかったりすることも少なくありません。おおよそできているのに、あと一歩のところでうまくいかない、ということもあるでしょう。

そのようなときに、うまく子どものからだを支えたり持ち上げたりすることで、からだの使い方を教えることができます。

また、最後の部分をサポートすることで、「できた！」という経験につなげることができるかもしれません。

使う部位を指示する
「言葉を使ったサポート」

プログラムの内容を指示したり、ポイントを教えたりする際には、「言葉を使ったサポート」が有効です。「右手で持つよ」や「頭をつけて」といった、具体的な言葉で子どもに理解を促し、「できた！」という経験に導いていきます。

言葉を使ったサポートは、ある程度の言語的な理解度が必要になるため、子どもに合った表現で伝えることが大事です。言葉での理解が難しい場合には、からだ

を使ったサポートなどに切り替えること
も必要でしょう。

見ればわかる！
「視覚情報を使ったサポート」

お手本を見せたり、手をつく位置や足
の位置などにシールを貼るなどして目
で見て、わかりやすくするサポートが、「視
覚情報を使ったサポート」に当てはまり
ます。

何度も言葉で伝えるのではなく、子ど
もが自分で見て確認することができるよ
うになるよう工夫してみましょう。子ど
もの自立を促しながら、プログラムにチャ
レンジすることを支えることが可能にな
ります。

サポートを徐々に減らす
支援も意識しよう

これらのサポートは、子どもの「でき
た！」を引き出すために有効なものばか
りです。また、運動の場面だけではなく、
日常生活の多くの場面で活用することが
可能です。意識してサポートを提供する
ことによって、さまざまなことにチャレン
ジしたり、達成感を得ることで自信をつ
けたりすることにもつながるでしょう。

サポートをうまく提供するためには、
子どものできている部分と、もう少しで
できる部分とを見極めることがポイント

です。本書のプログラムの紹介ページに
は「できるようになるチェックポイント」
が示されています。こちらを参考に、子ど
もがどこにつまずいているのかを確認し、
そのつまずきの部分に対してサポートを
提示するという手続きがよいでしょう。

その一方で、いつまでもサポートに頼っ
てしまい、サポートがないとうまく達成
できない、という状況は望ましいもので
はありません。「サポートを徐々に減らす」
という手続きもまた、重要となります。

具体的には、からだを使ったサポート
の場合には、サポートの力を緩めたり、サ
ポートする部分を減らしたりしながら、
それでも「できた！」という経験が得られ
るかを確認していくことが必要です。

同様に、言葉を使ったサポートの場合
にも、言葉かけの数を減らしてポイント
を絞ってサポートをしたり、言葉をかけ
るときとかけないときを意図して設定し
たりすることも必要でしょう。視覚情報
を使ったサポートも、全部を示すのでは
なく、一部分だけにしたり、子どもに要求
されたときだけ提示したりする工夫が可
能になります。

このように、サポートを提示すること
と同時に、サポートを減らすことも意識
することで、子どもが「自分の力だけで達
成できた」という経験を引き出すことが
可能になります。

「できた！」を増やす！ 維持する！ 上手に「ほめる」ポイント！

子どもの「ちょっといい行動」が確認できたときに、
すかさず「ほめる」ことで、その行動がどんどんできるようになり、
さらには徐々に上達していくことが期待できます。

「ほめる」と「叱る」、どっちが大事？

「子どもはほめて伸ばしましょう！」「ほめてばかりだと、甘えた子になって大人になってから苦労する」「子どものためを思えば、親が叱らなきゃ！」

書籍やメディア、街の声などでも、「ほめる」と「叱る」に関しては、いろいろな意見がありますよね。

「認知行動療法」という心理学の理論に基づけば、ほめる中心の関わり方を選択することを、圧倒的におすすめします。

ほめると、どんなよいことが起こるのでしょう。子どもだけでなく、大人も、ほめられて嫌な気持ちになることは稀であり、照れたり、「まぐれだよ」と謙遜したり

しながらも、やはりほめられればうれしいものです。

このように、ほめられることは、取り組みに対するモチベーションを上げるだけではなく、ほめてくれた相手に対しても、ポジティブな感情を抱きやすくさせる効果があります。

運動能力は、一度の練習でグーンと伸びるものではありません。運動の練習を継続的に、楽しく行うためにも、適切にほめて、楽しい雰囲気をつくることが重要になります。

子どもを叱るのはNG？

ほめるのが大事、という話をすると、で

は、叱ってはいけないのか、という質問を受けることもあります。実際にはそんなことはありません。ただ、叱るときにも、いくつかのルールを守ることで効果的な叱り方になります。

そのルールとは、①自分や周りの人を危険にさらすときに叱る、②短く、どの行動がよくないのかを叱る、③叱ったあとに、「どう振る舞ったらよいのか」を子どもがわかるように叱る、といったことが大事です。

とくに、③があいまいなままだと、「ダメなことはわかったけれど、じゃあどうしたらいいの？」と、子どもに疑問が残り、ダメと言われた行動を、同様の場面でくり返してしまう可能性が高まります。

ダメ、を伝えたあとには必ず、「こうしたらいいんだよ」と、代わりの行動（代替行動）を教えたり、「どうしたらよかったと思う？」と、代替行動に気づかせたりする声かけを行いましょう。

すごい！ の連呼は要注意？ 上手に「ほめる」ポイント

ほめることがよいといっても、「すごいね」だけ言っていればよいわけではありません。効果的に、上手にほめるためのポイントがいくつかあります。

❶すぐほめる

行動が起こった直後、60秒以内にほめることがよいとされています。

❷具体的にほめる

「すごいね」だと、何がすごいのか具体的ではないために、保護者がすごいと思ったポイントと、子どもがすごいと自覚したポイントがずれている可能性があります。具体的に、「手をつく場所、ばっちりだったよ」「上手に首を曲げられていたね」などとほめましょう。

❸ほめたあとの子どもの反応に注目する

ほめて終わり、ではなく、ほめたあと実際に子どもがその行動をまた実行しようとしているか、確認しましょう。ほめた行動を再び実行することができていれば、そのほめた声かけは、子どもにしっかりと伝わっていたと確認できます。

❹ほめる内容を徐々に変える

常に同じ行動をほめるのではなく、ある程度安定して行動できるようになったことが確認できたら、これまでほめていた行動に対してはあまりほめず、次のステップとして身につけたい行動に対してほめていきましょう。ステップアップの仕方は、「『スモールステップ』の組み立て方」（18ページ）を参照してください。

日常的に行われている「ほめる」も、丁寧に見ていくと、ずいぶんと奥の深いものですよね。子どもの行動や反応、表情を見ながら、「ほめる」を通してどんどんコミュニケーションをとり、たくさんの「できた！」につながるといいですね。

PART 1

「できた！」をサポートするために

23

COLUMN ①

子どもの注意をひくために

プログラムにチャレンジしようとしても、子どもが
あっちに行ったり、こっちに来たり。
座って話を聞くことが苦手なのかもしれません。
子どもの注意を上手にひくポイントをご紹介します。

運動を好きになったり、うまくできるようになったりしてほしいと思って、せっかく準備したのに、子どもが逃げてしまったり、床に寝転んでしまったり……。そんなことが続くと、保護者のモチベーションも下がってしまいますよね。そのような子どもの場合、「運動をする」ということが、楽しいものなのか、どんなことをするのかなど、具体的な中身がわかっていない可能性があります。

まずは、「運動をする」とか「とび箱をする」といった表現は使わず、「一緒に遊ぼう」「ジャンプ対決しようよ」といった形で声をかけてみましょう。

子どもの注意をひくために、子どもの好きなおもちゃやキャラクターをうまく使ってみることもよいでしょう。ただ、おもちゃやぬいぐるみを子どもの手元に置いてしまうと、運動の邪魔になってしまいます。とび箱やマット運動であればゴールの位置に、鉄棒であれば保護者がおも

ちゃを持ち、おもちゃを介して子どもに声をかけるなどしてもよいでしょう。とび箱では、視線の先や注目してほしいところにキャラクターのイラストを貼る、といった工夫も可能です。

すぐにその場を離れてしまう子どもの場合には、子どもが座る位置に椅子やクッションを置いたり、テープやひもで範囲を指定したりして、「どこにいたらいいのか」を示してあげることもよいでしょう。

とくに就学前の子どもの場合は、座って話をじっと聞く、ということにあまり慣れていません。はじめは30秒〜1分程度の短い時間に、指定されたところに座って、少し話を聞くことができたらしっかりとほめる、ということから始めてみましょう。

どのようなアプローチが有効なのかは子どもによって異なるので、いろいろな方法を試して、子どもに合う方法を探してみましょう。

マット運動

マット運動の基本である「ゆりかご」、「前転」、「後転」ができるようになるためのプログラムを紹介します。
まずは「チェックポイント」の欄で、正しくできているか、どこでつまずいているかを確認してみましょう。

※プログラムは動きやすい服装で行い、すべりやすい場合は、はだしで行うなど安全に配慮してください。

マット運動

プログラムの流れ

マット運動の基本である３つの動きが
できるようになるためのプログラムを紹介します。
お子さんがどのポイントでつまずいているのか、を確認しましょう。

からだの動きや 使い方を理解する

マット運動は、特別な道具を使わず、自分のからだだけで行う運動です。柔軟性や可動域、重心移動などにおいて自分のからだを上手にコントロールすることを身につけていきます。

はじめて前転などに取り組むとき、「回転するときは背中を丸める」「丸くなるにはひざを曲げる」といった基本的な動作が、子どもにとっては難しい場合もあります。

目標とする動作を獲得するためには、からだの一つひとつ、たとえば、視線はどこに向ける？　頭の位置は？　首の傾きは？　腕の形は？　脚は曲げる？　といったことに意識を向けながら、正しい姿勢をとって運動を行いましょう。

正しい姿勢でからだを 支える力を身につける

さまざまな運動に共通することですが、「正しい姿勢で行うことができているか」は、とても大切なポイントです。

間違った姿勢のまま続けてしまうと、ケガにつながったり、めざしている運動を行うことができなかったりします。

マット運動のように自分の体重を活用した運動は、手や脚の筋力、バランス感覚などを使って、からだを支える力を身につけることが重要です。

このような力は、日常生活の自立動作、危険回避、パフォーマンスの向上などにつながります。少しずつからだを支える感覚に慣れていくことで、運動に自信を持つことができるようになります。

1 ゆりかご

あごを引き、背中を丸めて後ろに転がり、反動で上体を起こす運動です。

ゆりかごができるようになる3つのプログラム

ねこのきもち	背中の柔軟性を高め、からだをうまく丸める感覚を養います。
タオルキャッチ	あお向けから上体を起こす練習です。からだ全体を使って起き上がれるようになります。
キープ＆タッチ	腹筋に力を入れる感覚を養い、上体をキープする筋力を向上させます。

2 前転

あごを引いて背中を丸め、手をつきながら前方に回転する運動です。

前転ができるようになる3つのプログラム

どこかな？どこかな？	マットにつける後頭部の位置を確認し、前転する際の姿勢の安定につなげます。
どこどこ？くまさんのおへそ	あごを引いて、のぞき込む感覚を養います。
かえるの足打ち	両腕でからだを支える力をつけ、逆さになる感覚に慣れる練習です。

3 後転

しゃがんだ姿勢から後方に回転し、手をついてからだを起こす運動です。

後転ができるようになる3つのプログラム

ぺったんこ！ぴったんこ！	手のひらをマットにつけて、からだを支えるための練習です。
ピン！ピン！足じゃんピン！	回転時に腰を持ち上げる感覚を養います。
ひっくり返ってえびポーズ	勢いをつけて回転するために、腰を持ち上げる力を身につけます。

PART 2 マット運動

1 ゆりかご

基本のやり方

1
ひざを抱えてお尻をつけて座ります。

2
ひざを抱えたまま、あごを引いて後ろに転がります。

3
後ろに転がった勢いで起き上がります。

ゆりかごができるようになるチェックポイント

- [ ] ひざを抱えてお尻をつけて座ることができる
- [ ] あごを引くことができる
- [ ] 背中を丸めることができる
- [ ] 後ろに倒れ、傾かずに背中をマットにつけることができる
- [ ] 勢いをつけて起き上がることができる
- [ ] 手でひざを抱えた状態を維持できる
- [ ] ゆりかごを2、3回連続でくり返すことができる

できていることに☑をつけましょう。
どこを練習すればよいかわかります。
ゆりかごができるお子さんは
前転にチャレンジしましょう。

背中がこわばって丸められない

つまずき A 背中を丸められない

ねこのきもち(P.30)をやろう！

反動をつけられず、おなかに力が入らない

つまずき B 起き上がれない

タオルキャッチ(P.32)をやろう！

後ろに倒れようとすると横に傾いてしまう

つまずき C 後ろにまっすぐ転がれない

キープ＆タッチ(P.34)をやろう！

PART 2 マット運動 ① ゆりかご

つまずき A 背中を丸められない を解決！

ねこのきもち

背中の柔軟性を高め、からだを丸める感覚を養います。背中の動きを意識しましょう。

ねこが笑った！

1 よつんばいの姿勢になります。腕は肩幅程度に開き、ひざをつきます。

2 「ねこが笑った」と声をかけたら、顔を上げます。

サポート
ひじが曲がらないよう、ひじを支えたり、「ひじを伸ばすよ」と声をかけたりしましょう。

♪ もっと楽しくするヒント！
「寝た」「おすまし(座る)」など、さまざまなポーズを一緒に考えて、ねこになりきってやってみましょう。顔を上げるときに「ニャオーン」、背中を丸めるときに「怒ったぞ、フーッ」など、声をかけて楽しさを演出するのもおすすめです。

💬 声かけのポイント
背中を丸められたら「山ができているね」「背中を動かせているね」など、イメージがわくような声かけをしましょう。

準備するもの	安全に行うためのポイント
○マット、または敷き布団	手や脚をつける位置に物が落ちていないか確認しましょう。

ねこが泣いた！

3 「ねこが泣いた」と声をかけたら、背中を丸めてあごを引き、おへそを見ます。

サポート

おなかや胸を引き上げられないときは、「背中で山をつくるよ」「おへそを見るよ」と声をかけましょう。胸のあたりを軽く押し上げて補助してみましょう。

胸に手を当て、軽く押し上げます。

Lv↑ 難易度の調整

2の上体反らし、**3**の背中を丸めるを交互に行うと、難易度が上がります。

マット運動　ゆりかご

つまずき B 起き上がれない を解決！

タオルキャッチ

あお向けから上体を起こす練習です。けりながら、からだ全体で起き上がりましょう。

1 あお向けになり、足裏を床につけてひざを立てます。

2 足をひざの高さまで上げます。

3 保護者は、つま先の前にタオルを垂らします。

サポート
ひざを立ててから足を上げた正しい姿勢のお手本を見せましょう。

🎵 もっと楽しくするヒント！
子どもが好きなキャラクターなどのイラストをタオルに貼ると、興味を持って楽しみながら行うことができます。

💬 声かけのポイント
視線がつま先に向いていたら「つま先を見ることができているね」と声をかけましょう。起き上がることができたら「うまく起き上がれたね」とほめましょう。

32

準備するもの	安全に行うためのポイント
○タオル ○マット、または敷き布団	硬い床ではなく、敷き布団やマットなどの上で行いましょう。

タオルをける

タオルをつかまえる

4 勢いよくタオルをけって、そのまま起き上がり、戻ってきたタオルをつかまえます。

> **サポート**
> 起き上がることが難しい場合は、背中を支える補助をしましょう。また、「視線はつま先に向けるよ」と声をかけましょう。

 難易度の調整

上体を少し起こし、手を床についてからだを支えた姿勢で行うと、難易度が下がります。

PART 2 マット運動 ① ゆりかご

つまずき C 後ろにまっすぐ転がれない を解決！

キープ＆タッチ

腹筋に力を入れる感覚を養い、上体をキープする筋力を向上させます。

1 床に座り、ひざを軽く曲げます。

2 両足を軽く上げ、姿勢をキープします。手は太ももの横に添えましょう。

サポート

あごが上がってしまうなどして後ろに倒れてしまう場合は、「あごを引くよ」と声をかけましょう。バランスをくずして後ろに倒れてしまう場合は、手で背中を支えます。

 もっと楽しくするヒント！

「1回タッチできたら10ポイント！」など、ポイント制にしてくり返してみましょう。

 声かけのポイント

足を上げた姿勢を保持できていたら「おなかに力を入れられているね」などとほめましょう。

準備するもの
○ タオルなど（的になるもの）
○ マット、または敷き布団

安全に行うためのポイント
硬い床ではなく、敷き布団やマットなどの上で行いましょう。

PART 2 マット運動 ❶ ゆりかご

3 足元に出された的（タオルなど）を、足裏でタッチします。

 難易度の調整
床に手をついて行うことで、両足を上げた姿勢が保持しやすくなり、難易度が下がります。

2 前転

基本のやり方

1 気をつけの姿勢から、しゃがんで前方に手をつき、腰を上げてあごを引きます。

2 そのままの姿勢で前に転がります。

3 回転の勢いで起き上がります。

前転ができるようになるチェックポイント

- ☐ ゆりかごができる
- ☐ 両手を正しい位置に置くことができる
- ☐ 頭を下ろして、背中を丸めることができる
- ☐ ひじを曲げることができる
- ☐ 勢いをつけて回転することができる
- ☐ 起き上がることができる

できていることに☑をつけましょう。
どこを練習すればよいかわかります。

つまずき A　マットにつける頭の位置がわからない

後頭部がどこかわからない

どこかな？ どこかな？（P.38）をやろう！

PART 2　マット運動 ② 前転

つまずき B　後頭部がつけられない

どこどこ？ くまさんのおへそ（P.40）をやろう！

あごを引いてのぞき込む姿勢ができない

つまずき C　回るときにからだが傾く

両腕でからだを支えられずに傾いてしまう

かえるの足打ち（P.42）をやろう！

37

つまずき A マットにつける頭の位置がわからない を解決！

どこかな？ どこかな？

マットにつける後頭部の位置を確認するのがねらいです。姿勢の安定につなげましょう。

1 頭部のいろんな部位を、両手で触って確認します。「上」は頭頂部、「下」はあご、「前」はおでこ、「横」は側頭部、「後ろ」は後頭部です。ひと通り確認しましょう。

♪ もっと楽しくするヒント！

かけ声は、「う〜え」など抑揚をつけたり、テンポを速めたりゆっくりしたりして調整してみましょう。単調なリズムで行うよりも楽しさが演出できます。

💬 声かけのポイント

タッチがうまくできたらほめましょう。

準備するもの	安全に行うためのポイント
○なし	指が目に入らないよう、ゆっくり行いましょう。

2 「上」や「後ろ」といったかけ声に合わせ、該当する部位を両手でタッチします。

サポート

どこかわからないようなら、本人の手を持って補助したり、部位を指差して伝えましょう。実際に触って「ここだよ」と伝えるのもよいでしょう。

Lv↕ 難易度の調整

向かい合わせになって一緒に行い、「模倣」をさせることで難易度が下がります。最初は模倣から始めるのもよいでしょう。かけ声のスピードを速めるなど変化させると難易度が上がります。

つまずき B 後頭部がつけられない を解決！

どこどこ？ くまさんのおへそ

あごを引いてのぞき込む感覚を養います。脚を広げると、頭を入れやすくなります。

1 ひざをつきます。手を肩幅の位置で床につき、よつんばいの姿勢になります。

サポート
手をつく位置がわからない場合は、目印を置くなどしましょう。

2 ひざを伸ばして、腰を持ち上げます。

サポート
ひざが床から離れない場合は、腰を支えたり、持ち上げたりするなどの補助を行いましょう。「ひじを伸ばすよ」と声かけもしましょう。

🎵 もっと楽しくするヒント！

くまさんになりきって、「くまさん、くまさんのおへそはどこどこ？」など声かけを工夫してみましょう。「トンネル」になって、頭部側からボールを転がすなどして、あごを引いてのぞき込む練習をするのもいいでしょう。

💬 声かけのポイント

ひじを曲げずに腕を伸ばせたら「しっかり腕を伸ばせているね」とほめましょう。同様に、ひざも伸びていたら「ひざがしっかり伸びているね」と声をかけましょう。

準備するもの	安全に行うためのポイント
○マット、または敷き布団	ひざを伸ばす際、脚を開いてからだを安定させましょう。

3 「おへそはどこかな？」と声をかけられたら、あごを引いて視線をおへそに向けます。

「おへそはここだよ」と指で指し示します。

サポート
視線を向ける位置がわからない場合は、指差しで示すなどの補助を行いましょう。このとき、ひざが少々曲がっていてもOKです。

Lv 難易度の調整
難易度を上げるには、**1**のときにひざをつかず、しゃがんだ状態から始めます。**2**のポーズができてもあごを引くことが難しければ、**1**のよつんばいのポーズであごを引くことから練習しましょう。

つまずき C　回るときにからだが傾く を解決！
かえるの足打ち

両腕でからだを支える力をつけ、逆さになる感覚に慣れることが、ねらいです。

1 しゃがんだ状態で床に手をつきます。両手は肩幅程度に開きます。

2 両足で床をけり、足を上げます。

サポート
手をつく位置に目印を置くなどしましょう。

サポート
けり上げるのが難しい場合は、横から肩を支えたり、腰を持ち上げるなどの補助を。「両手とおでこが三角になるように」などの声かけも。

♪ もっと楽しくするヒント！
足を上げる際に「ぴょーん」「ケロケロ」などの効果音をつけて楽しく行いましょう。続けて何回できるか、親子やお友だちと競ったりするのもモチベーションが上がって楽しくできます。

💬 声かけのポイント
足をけり上げられたら「足が上がったね！」とほめましょう。

準備するもの	安全に行うためのポイント
○ マット、または敷き布団	足を上げた勢いで前に倒れないよう、保護者は近くで支えられるようにしましょう。

3 足を上げたときに、両足を打ち合わせます。

Lv 難易度の調整

両足でけり上げるのが難しい場合は、片足を持ち上げることから始めましょう。右足、左足と片足ずつできてから両足にチャレンジします。足打ちが難しい場合は、両足のけり上げのみを練習し、両腕でからだを支え、逆さになる感覚を養いましょう。

3 後転

基本のやり方

1. しゃがんで手のひらを上に向け、耳の横に置きます。
2. あごを引いておへそを見ます。
3. そのまま後ろに転がり、マットに両手をついて回ります。
4. 起き上がります。

後転ができるようになるチェックポイント

- ☐ しゃがみの状態を維持することができる
- ☐ 手のひらを上に向け、ひじを曲げ、耳の横に置くことができる
- ☐ あごを引き、背中を丸めることができる
- ☐ 後ろに倒れることができる
- ☐ 手をマットにつき、押し出すことができる
- ☐ 足を頭のほうへ伸ばすことができる
- ☐ 回転することができる
- ☐ 起き上がることができる

できていることに☑をつけましょう。
どこを練習すればよいかわかります。

手のひらをマットにつけられない

つまずき A 正しい姿勢で手をつけられない

ぺったんこ！ぴったんこ！(P.46)
をやろう！

つまずき B 腰が上がらない

ピン！ピン！足じゃんピン！(P.48)
をやろう！

後ろに倒れるときに腰が持ち上がらない

足が上に上がらず、腰も上がらない

つまずき C 勢いが足りない

ひっくり返って
えびポーズ(P.50)をやろう！

PART 2 マット運動 ❸ 後転

つまずき A 　正しい姿勢で手をつけられない を解決！

ぺったんこ！ぴったんこ！

後転の際、手のひらをマットにつけてからだを支え、まっすぐ転がることがねらいです。

準備　カードを2枚、肩幅程度の間隔でマットに置きます。カードは表（絵柄）を伏せます。テープの粘着面を外側にして輪にし、手のひらにつけます。

1　カードに背を向けて体育座りをします。手のひらを上に向け、耳の高さに上げます。

サポート
手の位置が耳より高くなったり、肩幅より開いたりする場合は、腕を持ち正しい姿勢に誘導を。

🎵 もっと楽しくするヒント！
カードに子どもの好きな絵柄やキャラクターを使用して、やる気を引き出しましょう。

💬 声かけのポイント
1のポーズで手を耳の高さで構えていたら「いい姿勢だね」とほめましょう。手のひらがマットにつき、カードを貼りつけることができたら「カードついたよ！」「上手だね」「すごいね」などとたくさん声をかけましょう。

準備するもの
- 絵柄のあるカード
- ガムテープ、または養生テープ
- マット、または敷き布団

安全に行うためのポイント
硬い床ではなく、敷き布団やマットなどの上で行いましょう。

PART 2 マット運動 ❸ 後転

2 1のポーズのまま、少し勢いをつけて後方に倒れ、手のひらをカードの上につけます。

サポート
「カードをぺったんこしよう！」など手のひらにカードを貼りつけることを意識させましょう。

3 上体を起こし、体育座りの姿勢に戻ります。手のひらについたカードの絵柄が何か答えます。

Lv.1 難易度の調整
体育座りでなく、あお向けからスタートし、手のひらのみを動かすようにすれば難易度が下がります（右図）。難易度を上げる場合は、体育座りでなく、しゃがんだ状態からスタートしましょう。後転に近い姿勢になります。

47

つまずき B 腰が上がらない を解決！

ピン！ピン！足じゃんピン！

回転時に腰を持ち上げる感覚を養います。お尻がマットにつかないようにしましょう。

1 あお向けになり、脚を真上に伸ばします。

2 手を腰に当て、脚を伸ばしたまま腰を持ち上げます。

サポート

1で脚が上がらない場合は、足首を持って支えます。**2**で腰が上がらない場合は、腰を押し上げるようにして引き上げます。すぐに腰が落ちてしまう場合は、おなかと腰を両手で挟むようにして支えます。

🎵 もっと楽しくするヒント！

じゃんけんを行う前に「3回勝ったほうが勝ち」「2回続けて勝ったら勝ち」などルールを決め、ゲーム性を持たせてみましょう。子どもは「あと出しじゃんけんOK」など、じゃんけんのバリエーションを増やすのもおすすめです。

💬 声かけのポイント

脚や腰を持ち上げることができたら「脚がまっすぐ伸ばせたね」「腰がしっかり上がっているね」「つま先もピンとしてカッコいいよ」などと、ほめましょう。

準備するもの	安全に行うためのポイント
○マット、または敷き布団	硬い床ではなくマットなどの上で行い、倒れないよう、保護者は近くで支えられるようにしましょう。

PART 2 マット運動 ❸ 後転

3 脚じゃんけんをします。グー（脚を閉じる）、チョキ（脚を前後に開く）、パー（脚を左右に開く）と、腰を支えたままの姿勢で行います。

サポート
じゃんけんの形をつくると体勢がくずれる場合は、足首や太ももを支えて補助しましょう。

Lv 難易度の調整
腰を上げることが難しい場合は、**1**で手のひらを床につけ、手で床を押しながら脚のみを上げてみましょう。

つまずき C 勢いが足りない を解決！

ひっくり返って えびポーズ

足を頭上に上げられるよう、腰を持ち上げて重心を移動させる感覚を養います。

1 体育座りをし、両手でひざを抱えます。

2 ゆっくり後方に倒れます。ひじが伸びて、おなかとひざが離れないようにしましょう。

♪ もっと楽しくするヒント！

えびのポーズ以外に、からだを丸めるだけの「ダンゴムシ」や「ハリネズミ」などオリジナルのポーズを決め、いろんなポーズを混ぜながら行うのもおすすめです。

💬 声かけのポイント

脚や腰を持ち上げられたら「腰がしっかり上がっているね」「つま先が床についたね」などと、ほめましょう。

準備するもの	安全に行うためのポイント
○マット、または敷き布団	勢いをつけすぎると、ひざが顔面に当たってしまうことがあるので注意しましょう。

PART 2　マット運動 ❸ 後転

3 腰を上げ、つま先を頭の先へと伸ばし、床につけます。

腰に手を添え、後転の動きをサポートします。

サポート
腰を浮かせられない場合は、腰を持ち上げられるよう支えましょう。

Lv↓ 難易度の調整

えびポーズが難しい場合は、右図の「かべまで届け！にょろ転」(P.76)や「ピン！ピン！足じゃんピン！」(P.48)から始めましょう。

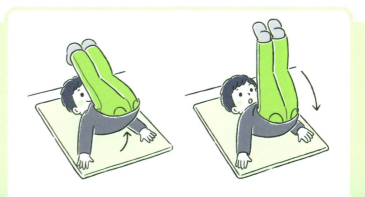

51

COLUMN ②

うまくいかないときの工夫のポイント

プログラム通りにやっているけれど、なかなかうまくいかない。
最近、壁に突き当たっているみたい……。
そのようなとき、振り返ってほしいポイントをご紹介します。

まずは各プログラムページにある「難易度の調整」を確認してみましょう。子どもにとっては、課題が難しすぎてうまくいかなかったり、少し前のステップの達成度が不十分だったりする可能性があります。「できない」が続いてしまうと、子どものモチベーションも下がってしまうので、少し前のステップに戻って、できることを確認したり、適切な補助（サポート）を提供しながら、ちょうどよい課題を確認したりしてみましょう。

また、子どもの機嫌が悪かったり、学校や園での活動で疲れてしまったりしていることも、うまくいかないことの背景として考えられます。
「今日はこのプログラムをやると決めたのだから、なんとしてもやる！」というテンションよりも、「やる気が出てきたり、休憩して疲れが取れたりするまで待ってみよう」というスタンスも大事です。子どもが「そういえば、今日はこのプログラム

をやるって約束していたな」と思い出せるような声かけをしてみたり、本書のプログラムページを見せたりすることもよいでしょう。

保護者の焦りは、結果的に取り組みのマイナスにしかなりません。うまく時間を使い、子どもがやろうとするのを待ってみたり、体力や気分の回復を促したりしてみましょう。

子どもの気分が乗らないときは、うまく切り替えることも大切です。深呼吸をしてみたり、水を飲んでみたり、飴やクッキーなどちょっとしたお菓子を食べてみたりするなど、自分なりの気持ちの切り替え方法を身につけておくことは、運動以外のさまざまな場面でも応用することが可能です。

「てんてんててん♪」のような、短いBGMをうまく活用できると、切り替えにも、モチベーションを上げるためにも有効です。

鉄棒

鉄棒の基本である「ツバメ」、「前回り」、「逆上がり」が
できるようになるためのプログラムを紹介します。
まずは「チェックポイント」の欄で、正しくできているか、
どこでつまずいているかを確認してみましょう。

※プログラムは動きやすい服装で行い、すべりやすい場合は、はだしで行うなど安全に配慮してください。

鉄棒

プログラムの流れ

鉄棒の基本であるツバメをはじめとした
3つができるようになるためのプログラムを紹介します。
お子さんがつまずいているのがどこかを確認しましょう。

▶ 恐怖心をやわらげ 楽しい気持ちで取り組む

はじめて鉄棒を握ったときのことを覚えていますか？　逆上がりに苦戦したことや、逆上がりができた瞬間などを覚えているでしょうか。鉄棒をはじめて行うのは、おおよそ幼児期〜小学校低学年です。大人になるとそのときの感覚は忘れてしまっているかもしれません。

鉄棒を練習しはじめた子どもにとっては、「鉄棒がおなかに当たって痛い」「頭を下げたら落ちてしまいそう」「手がすべったらどうしよう」などの気持ちがあることを想像してみましょう。

そして、そのような恐怖心をやわらげるためには、少しずつステップを踏み、楽しい気持ちで練習に取り組める工夫が大切です。

▶ からだが回転する感覚を つかむ

鉄棒の特徴は、足の着かないところで姿勢を維持し、回転することです。鉄棒を通して、重心を意識してバランスをとったり、逆さになる感覚や回転する感覚を理解できるようになります。

こうした力は、とっさの状況でからだをコントロールすることや、手すりを握って身を守る場面などに役立ちます。また、スポーツやダンスでパフォーマンスを発揮することにつながるでしょう。

上体を倒して頭が下がったときに、どのような見え方や感覚があるのか、足を上げるとからだはどのような姿勢になるのか、勢いをつけるとからだがどのように動くのかなどを、安心してできるところから少しずつ経験していきましょう。

1 ツバメ

腕の力でからだを支え、鉄棒の上でからだを持ち上げる運動です。

ツバメができるようになる３つのプログラム

お寿司やさんごっこ	鉄棒を正しく握るための練習です。
バルーン名人	ひじを伸ばして腕に体重をのせる感覚を養います。
ドキドキ！線わたり	正面を見続けて体勢をキープする力を身につけます。

PART 3 鉄棒

2 前回り

勢いをつけて上半身を倒し、スイングの勢いで上体を起こす運動です。

前回りができるようになる３つのプログラム

何が出るかな？	鉄棒を起点に上体を前に倒すことを意識するための練習です。
しゅるぴた！	鉄棒を握る力の加減を養う練習です。
クルッとひざタッチ	回転時にからだを丸める感覚を養います。

3 逆上がり

足をけり上げ、からだに鉄棒を引き寄せて、上体を起こす運動です。

逆上がりができるようになる３つのプログラム

とびこせトントン！	片足ずつ振り上げ、踏みきることで、鉄棒とからだが近づくための練習です。
かべまで届け！にょろ転	脚を伸ばして頭上まで上げることを意識するためのプログラムです。
足裏ゴシゴシ	回転時に腕を引きつけ、からだを支えることを意識するための練習です。

1 ツバメ

基本のやり方

1 親指を下にして鉄棒をつかみます（順手で持ちます）。

2 鉄棒にとび上がります。

3 ひじを伸ばし、腕の力でからだを支え、姿勢を保ちます。

ツバメができるようになるチェックポイント

- ☐ 鉄棒を両手で握ることができる
- ☐ 鉄棒を正しい握り方でつかむことができる
- ☐ 足で地面をけり、ジャンプをして鉄棒にとび乗ることができる
- ☐ ひじを伸ばした状態で、からだを支えることができる
- ☐ 脚を伸ばすことができる

できていることに☑をつけましょう。どこを練習すればよいかわかります。すべてできる場合は、前回りにチャレンジしましょう。

つまずき A 握り方がわからない

親指がほかの指にくっついちゃう

お寿司やさんごっこ（P.58）をやろう！

PART 3 鉄棒 ① ツバメ

つまずき B 引き上げが難しい

バルーン名人（P.60）をやろう！

ひじを伸ばしてからだを支えられない

両腕でからだを支えられずに傾いてしまう

つまずき C 体勢を維持できない

ドキドキ！線わたり（P.62）をやろう！

つまずき A 握り方がわからない を解決！
お寿司やさんごっこ

鉄棒を正しく握るために、指の付け根に意識が向くことをねらいとしたプログラムです。

1 利き手は指をチョキにした形、反対の手は指を開き、上に向けます。

2 お寿司を握るように、開いた手の指の付け根にチョキの指2本を当てます。

サポート
どこかわからないようなら、指を当てる位置にマスキングテープなどで印をつけましょう。

🎵 もっと楽しくするヒント！
お寿司のおもちゃを使用するなどして、楽しみながら行うこともおすすめです。その際、手のひらの中央でなく、指の付け根にお寿司を当てましょう。

💬 声かけのポイント
指を適切な位置に当てることができたとき、うまく握れたときは「上手にできているね」と声をかけましょう。

準備するもの	安全に行うためのポイント
○なし	とくになし

3 開いた手で、チョキにした指を包みます。

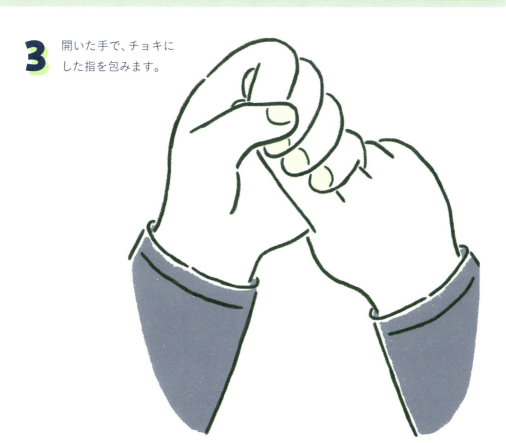

PART 3 鉄棒 ① ツバメ

Lv↕ 難易度の調整

お寿司握りができたら、次は手のひらを下に向けてチョキにした指を握ります。難易度を上げ、鉄棒を握る形に近づけます。

つまずき B 引き上げが難しい を解決！
バルーン名人

ひじを伸ばし腕に体重をのせる感覚を養います。ひじや背筋を伸ばすのがポイントです。

準備 風船を空気入れに取りつけます。運動中に風船の口が外れないよう、保護者が押さえてください。

1 上体をまっすぐにして前傾し、空気を入れます。

サポート
背中が丸まらないよう、胸や肩を触ってポジションを正しましょう。

🎵 もっと楽しくするヒント！
風船をふくらませる楽しみを演出するために、風船にイラストを描いたり、さまざまな種類の風船を用意したりしてみましょう。

💬 声かけのポイント
空気を入れる際に腕をしっかり伸ばしていたり、背筋が伸びていたら、「ピンと伸びていてかっこいいね！」などとほめましょう。

準備するもの	安全に行うためのポイント
○ 風船 ○ 空気入れ	空気入れが倒れないように注意しましょう。

2 風船がふくらむまで、ポンピングをくり返します。

サポート

上体の姿勢をキープしながらポンピングできるように、「ひじを伸ばすよー」「ひじを曲げてー」「背筋ピンだよ」など声をかけましょう。

PART 3 鉄棒 ① ツバメ

Lv 難易度の調整

風船ではなくボールを使用すると、より力を必要とするため、難易度が上がります。空気を入れるのが目的ではなく、姿勢よく上体を保つことができるかが大切です。

61

つまずき C 体勢を維持できない を解決！
ドキドキ！線わたり

正面を見続けることがねらいです。正面に視線を向け続け、正しい姿勢をキープします。

🟢 準備

マスキングテープを床にまっすぐ2mほど貼り、線を引きます。

 線の端に立ちます。

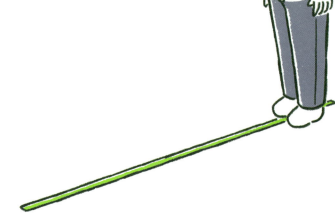

🎵 もっと楽しくするヒント！

モデルや忍者などのキャラクターになりきって行うと楽しくできます。ゴールに好きなものを置き、線をまっすぐ歩いてこられたら一つずつ集められるようにするなど、ゲーム性を持たせるのもおすすめです。

💬 声かけのポイント

正面を向く正しい姿勢ができていたり、視線を前に向け続けられていたら、「まっすぐ歩けているね」「しっかり前を見ているね」などとほめましょう。

準備するもの	安全に行うためのポイント
○マスキングテープ	足元を見ずに歩くので、つまずくことがないよう周囲の物は片づけておきましょう。

2 正面を向いたまま、線の上を歩きます。

サポート

正しいやり方のお手本を見せましょう。正しい姿勢をとれない場合は、頭を軽く支えるなどの補助をしましょう。線を見てしまい頭が下がる場合は、視線の高さに印をつけたり、保護者が向かい合って立ったりして、どこを見たらいいのかをサポートしてください。

PART 3 鉄棒 ① ツバメ

 **難易度の調整**

頭の上にタオルをのせ、落ちないように歩くと難易度が上がります。

2 前回り

基本のやり方

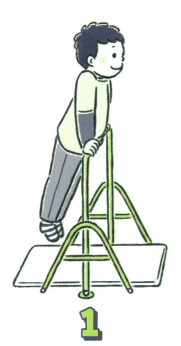

1 ツバメの体勢になります（P.56）。

2 おへそを見ながら上体を前に倒し、足を上げ回転します。

3 両足で着地します。

前回りができるようになるチェックポイント

- ☐ ツバメの体勢を維持できる
- ☐ 上体を倒すことができる
- ☐ 回転することができる
- ☐ 鉄棒を握ったまま回転し、両足で着地ができる

できていることに☑をつけましょう。
どこを練習すればよいかわかります。

腰から上体を曲げられない

つまずき A 上体を前に倒せない

何が出るかな？(P.66)
をやろう！

PART 3 鉄棒 ② 前回り

つまずき B 回転時に手を離してしまう

しゅるぴた！(P.68)
をやろう！

強く握りすぎたり、離したりしてしまう

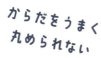

からだをうまく丸められない

つまずき C 脚が伸びたまま回り、かかとから落ちる

クルッとひざタッチ(P.70)
をやろう！

65

つまずき A 上体を前に倒せない を解決！
何が出るかな？

クイズの正誤にかかわらず、上体を前に倒す正しい姿勢ができているかを確認しましょう。

1 足を開いて立ちます。

2 上体を腰から前に倒します。

サポート
正しい姿勢のお手本を見せましょう。首だけが下に向かないよう、背中や腰に手を当てて上体の位置を正しく誘導しましょう。

🎵 もっと楽しくするヒント！
ボールに貼るイラストやシールは、子どもが好きな絵柄やキャラクターを使いましょう。子どもの反応に合わせて、通り抜けるボールの大きさや速さを変えると盛り上がります。

💬 声かけのポイント
ボールを転がすときは「いくよ！」と声をかけて注意を向けやすくし、転がしはじめるタイミングも「えい！」などと、言葉で伝えましょう。正しい姿勢ができていたら「いい姿勢だね」などとほめましょう。

準備するもの	安全に行うためのポイント
○ ボール ○ ボールに貼るイラストやシール	足は大きく開いて姿勢を安定させましょう。維持が難しい場合は、足型などで立ち位置を指定します。

3 イラストやシールを貼ったボールを転がし、何の絵柄かを当てます。

サポート
上体を倒しすぎてのぞき込む姿勢になったら、「少しからだを起こすよ」と声をかけたり、胸元に手を当てて下がりすぎないよう補助したりしましょう。

PART 3　鉄棒 ❷ 前回り

Lv.1 難易度の調整

姿勢を保つのが難しいときは、椅子や手すりなどをつかんで行いましょう。傾ける角度も小さく始め、徐々に90°に近づけます。難易度を上げるには、ラップ芯や新聞紙を丸めた棒を使い、腰の位置で両手で握りながら行います。また、台を使って立つ位置を高くすると、鉄棒のイメージに近づきます。

67

つまずき B 回転時に手を離してしまう を解決！

しゅるぴた！

回転時に鉄棒を強く握りすぎたり、離したりせずに、タイミングよくつかむ練習です。

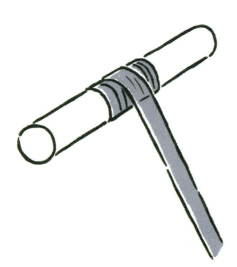

準備 ラップ芯の中央にビニールひもの端をセロハンテープでとめ、2mほどビニールひもを巻きつけます。

1 ラップ芯の両端を両手で軽く握ります。保護者は正面で、ビニールひもを引っぱります。

サポート
正しい握り方（順手で親指は下から支える）のお手本を見せましょう。回る芯を離さない程度に軽く握るのがポイントです。

🎵 もっと楽しくするヒント！

歌に合わせて合図を出すと楽しさを演出できます。童謡『チューリップ』の場合、「咲いた♪ 咲いた♪」の「た」で強く握るなど合図を決めます。

💬 声かけのポイント

「握る」「強く握る」の加減を使い分けできていたら「いいコントロールができているね！」と声をかけます。芯を落とさずにできたら「持ち続けられたね」とほめましょう。

68

準備するもの
- ラップ芯
- 梱包用のビニールひも（約2m）
- セロハンテープ

安全に行うためのポイント
ビニールひもは勢いよく引っぱらないよう、力加減に注意して行いましょう。

PART 3 鉄棒 ❷ 前回り

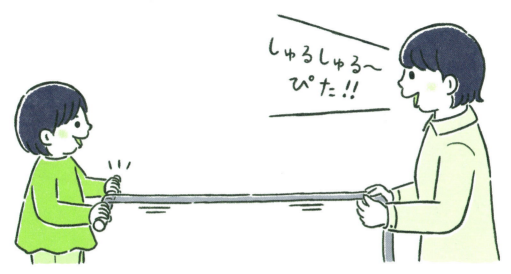

2 「ギュッと強く」「ぴた」などという合図で強く握り、芯の回転を止めます。「しゅるしゅる」という合図で芯が回るよう軽く握ります。

サポート
握る力のコントロールが弱い場合は、ビニールひもをゆっくりと引っぱります。「落とさないようにギュッ」などの声かけもしましょう。

Lv↑ 難易度の調整
ラップ芯を持つ位置をおなかに近づけ、鉄棒に近いイメージで、ひじを曲げて行うと難易度が上がります。

つまずき C 脚が伸びたまま回り、かかとから落ちる を解決！

クルッとひざタッチ

回転時にからだを丸める感覚を養います。ひざとおなかが離れすぎないよう意識しましょう。

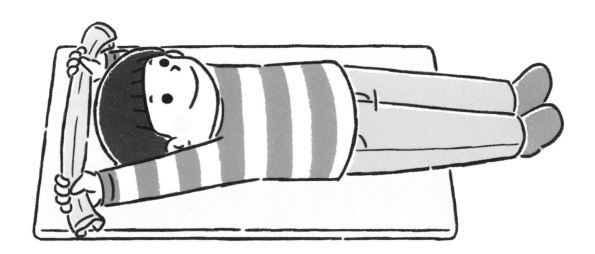

1 あお向けになります。タオルの両端を両手で握り、ひじを伸ばしてバンザイの姿勢になります。

サポート
1、**2**をくり返し行いますが、**2**から**1**の姿勢に戻るとき、勢いが余って頭を打たないように気をつけましょう。

🎵 もっと楽しくするヒント！
決められた時間で何回タッチできたかを競争すると、やる気が出て楽しくできます。

💬 声かけのポイント
からだを丸める姿勢が取れたときは「おへそをちゃんと見ることができたね」「いい姿勢だね」とほめましょう。顔を上げられない場合は「おへそを見るよ」と声をかけましょう。

準備するもの	安全に行うためのポイント
○ タオル ○ マット、または敷き布団	硬い床ではなく、敷き布団やマットなどの上で行いましょう。

2 「1、2、3」のかけ声で、軽く起き上がり、ひざを曲げてタオルでひざをタッチします。ひざをタッチする際、視線はおへそを見るようにします。**1 → 2** をくり返します。

サポート
正しいやり方、姿勢のお手本を見せましょう。タッチするときにからだを丸められない場合は、背中を支えてからだを起こしましょう。

難易度の調整
タッチする場所をひざより遠い位置（すねや足首）にすると、難易度が上がります。

3：逆上がり

基本のやり方

1
鉄棒を両手でつかみ、足を前後に開きます。

2
後ろに引いた足を勢いつけて振り上げ、逆の足もけり上げます。

3
からだを鉄棒に引きつけたまま、おなかをつけて回転します。

4
足を下げ、頭を持ち上げます（ツバメ）。

逆上がりができるようになるチェックポイント

- ☐ 鉄棒を握り、ひじを曲げることができる
- ☐ 補助つきで、足を振り上げて鉄棒に脚をかけることができる
- ☐ 補助なしで、足を振り上げて鉄棒に脚をかけることができる
- ☐ 補助つきで、回転をして上体を起こすことができる
- ☐ 補助なしで、回転をして上体を起こすことができる

できていることに☑をつけましょう。
どこを練習すればよいかわかります。

つまずき A 鉄棒とからだが離れてしまう

とびこせトントン！(P.74) をやろう！

勢いをつけて足をけり上げられない

つまずき B 足が上がらない

かべまで届け！にょろ転 (P.76) をやろう！

足の上げ方がわからない

つまずき C 腕が引きつけられない

足裏ゴシゴシ (P.78) をやろう！

からだを鉄棒に引き寄せられない

PART 3 鉄棒 ❸ 逆上がり

つまずき A 鉄棒とからだが離れてしまう を解決！

とびこせトントン！

振り上げと踏みきりが上手にできると鉄棒に近づけます。足の動きを確認しましょう。

準備

床から5〜10cmの位置にゴムひもを張ります。

1 ゴムひもに近い足を振り上げ、逆の足で踏みきって、ゴムひもをとびこえます。

サポート

バランスをくずしてしまう場合は、手をつないで行うなどの補助をしましょう。

🎵 もっと楽しくするヒント！

記録表を作成し、高さの記録を取りながら行ってみましょう。

💬 声かけのポイント

片足ずつとびこすことができたら、ほめましょう。

準備するもの
○ ゴムひも

安全に行うためのポイント
転倒しないよう、保護者は近くでサポートしましょう。

PART 3 鉄棒 ③ 逆上がり

2 片足ずつ着地します。

サポート
ゴムひもをまたぐのが目的ではなく、あくまでも振り上げと踏みきりができるかどうかを確認しましょう。

Lv 難易度の調整
ゴムひもの位置は低い位置からスタートしましょう。難しい場合は、とばずに、ゆっくりまたぐと難易度が下がります。

つまずき B 足が上がらない を解決！

かべまで届け！にょろ転

足をしっかり上げ、できるだけ遠くに伸ばすという逆上がり時の動きを身につけます。

1 壁から15cmほど離して頭を向け、あお向けになります。

2 ひざを伸ばしたまま足とお尻を高く上げて、壁に足の裏をつけます。両手は床を押さえるように向けます。

サポート
正しい姿勢のお手本を見せましょう。足裏をつける位置に印をつけて示すのもおすすめです。バランスをくずして倒れてしまう場合は、腰を支えます。

♪ もっと楽しくするヒント！
足を上げるときに「えい！」「ぽーん！」などオリジナルの効果音をつけると楽しい気持ちを引き出せます。

💬 声かけのポイント
ひざを伸ばして足を上げられたら「ひざがしっかり伸びているね」「頭より後ろまで足を上げられたね」などと声をかけましょう。

> **準備するもの**
> ○ マット、または敷き布団
>
> **安全に行うためのポイント**
> 硬い床ではなく、敷き布団やマットなどの上で行いましょう。

3 ゆっくりと足とお尻を下ろします。

サポート

勢いよく足とお尻が落ちてしまう場合は、ひざ裏に手を入れて脚を支えましょう。

「ゆっくりね」と声かけを。

Lv↓ 難易度の調整

手のひらで床を強く押さず、軽く置くだけで足を上げると、より難易度が高くなります。

つまずき C 腕が引きつけられない を解決！

足裏ゴシゴシ

回転時に腕を引きつけ、からだを支える感覚を身につけるプログラムです。

1 椅子に座り、片脚のひざを立て、足裏が椅子から出るようにかかとを椅子にのせます。

2 足の裏にタオルを当て、ゴシゴシするように左右の腕を交互に引きます。

サポート
バランスをくずしてしまう場合は、椅子から落ちないように背後からからだを軽く支えましょう。

🎵 **もっと楽しくするヒント！**
入浴の際、実際にからだを洗いながら行うと楽しくできます。また、「靴磨きをしよう」と靴を履いて行うのもおすすめです。

💬 **声かけのポイント**
ひじをしっかり引いて、腕をからだに引きつけられていたら「上手に磨けているね」などと声をかけましょう。

準備するもの	安全に行うためのポイント
○ タオル ○ 椅子	足を上げるときにバランスをくずして椅子から落ちないように注意しましょう。

3 反対側の足も 1、2 と同様に行います。

サポート

ゴシゴシのときに、ひじが開いていたら、背後からひじに手を添えて補助しましょう。腕をからだに引きつけることを意識させます。

ひじか前腕を軽くつかんで補助を

PART 3 鉄棒 ③ 逆上がり

Lv 難易度の調整

両足を持ち上げて行うと、難易度が上がります。

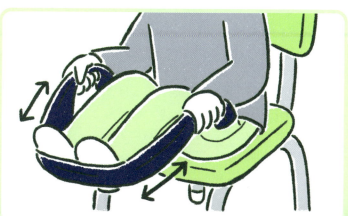

COLUMN ③

楽しみながら実施するポイント

「できた！」を達成するために一番重要な要素は、
「楽しい！」と思えて、何度もくり返しチャレンジできることです。
そのための「トークンエコノミー法」というやり方を紹介します。

　チャレンジに継続性を持たせるためには、ほめることが大事だということは、22ページですでに触れましたが、そのほかの工夫として、「トークンエコノミー法」という方法があります。

　トークンとは、それだけではあまり意味がないけれど、たくさん集まるといいことがあるものを指します。お店のポイントカードなどで、スタンプを5個集めると●●無料、といったシステムにも、トークンエコノミー法が用いられています。

　これを応用して、プログラムに1回取り組んだらスタンプ1個、スタンプ5個で「近くの公園に行ける券」や「晩ごはんにジュースで乾杯できる券」など、子どもの喜びそうなごほうびを設定してみるのもよいでしょう。

　このとき大事なのは、設定するごほうびは、「子どもが喜ぶもので、すぐあげられて、すぐなくなってしまうもの」にすることです。前提として、子どもがゲットし

てうれしいものでなければ、ごほうびの意味がありません。また、すぐあげられないと、子どもが飽きてしまったり、あきらめてしまったりすることにつながりやすくなります。したがって、ごほうびはスタンプ5個が適当なのか、3個か、あるいは10個なのか、子どもの意欲に応じて調整してみましょう。

　そして、すぐなくなることで、「またほしい。また頑張ろう！」につながります。おもちゃやゲームは、一度手に入れれば長く楽しめるので、「頑張らなくてもこのおもちゃでいいや」とか「運動するよりゲームをしていたい」という気持ちが生まれやすくなってしまいます。お金は、汎用性が高く、ゲームなどとも変えられてしまうのでおすすめしません。そのため、例に挙げたような、「経験」や「ちょっとした食べ物」がおすすめです。子どもと相談しながら、どのような形での運用がよいか、考えてみましょう。

とび箱

とび箱の基本である「助走・踏みきり」、「開脚とび乗り」、
「開脚とび」ができるようになるための
プログラムを紹介します。
まずは「チェックポイント」の欄で、正しくできているか、
どこでつまずいているかを確認してみましょう。

※プログラムは動きやすい服装で行い、すべりやすい場合は、はだしで行うなど安全に配慮してください。

とび箱

プログラムの流れ

とび箱で開脚とびが
できるようになるためのプログラムを紹介します。
お子さんがどこでつまずいているのかを確認しましょう。

からだと連動する 視線が大事

運動するときのポイントの一つに、「視線」があります。「視線がどこを向いているか」によって頭や首の位置、姿勢、からだの動き方などが変わります。

たとえば、あごを引いて背中を丸めたいときには、視線をおへそのほうに向けるよう指示すると、自然とあごが動き、背中を丸めやすくなります。視線とからだの動きが連動していることを意識するとよいでしょう。

また、真下だけを向いて助走をしたらとび箱にぶつかってしまいますし、上を向いていたら手を置く位置がわかりません。適切なタイミングで必要なところに視線を向けられるようになることで、動き自体が改善する場合があります。

リズムよく ジャンプしよう

とび箱をとびこえる様子はとてもパワフルですが、それには筋力だけでからだを持ち上げるのではなく、勢いをつけてスムーズにジャンプすることがコツです。

ジャンプ動作は、リズムをつけるとタイミングを合わせやすくなります。足を踏みきるタイミングや、両足でジャンプするタイミングを身につけるために、声かけなどの聴覚的な情報や、印をつけるといった視覚的な情報を用いるとよいでしょう。

最初からとび箱を使って練習をすると、「ぶつかりそうで怖い」と恐怖心を抱く場合があります。まずは、とび箱を使わずに行う練習も、ステップの一つとして取り入れていきましょう。

1 助走・踏みきり

まっすぐに適切なスピードで走って、両足でジャンプします。

助走・踏みきりができるようになる3つのプログラム

走ってタッチ♪	目標物を見続けて走ることができるようになるための練習です。
走ってぴょーん	助走からリズムよく片足で踏みきるプログラムです。
ケン・グー・パージャンプ！	片足踏みきりから、両足をそろえてジャンプする練習です。

2 開脚とび乗り

両手をとび箱の奥について、からだを支える運動です。

開脚とび乗りができるようになる3つのプログラム

ピタッと！つかまえろ！	両手を同じタイミングで平行につく感覚を養います。
ぴょこぴょこレース	手をできるだけ遠くにつけるための練習です。
箱スライダー	手首を使ってからだを前に押し出す感覚を身につけます。

3 開脚とび

両脚を大きく開き、とび箱をまたぐとび方です。

開脚とびができるようになる3つのプログラム

ぴょこぴょこよけよけ	からだの重みを手で支えながらジャンプし、お尻を高く上げる練習です。
ロケット発射！	腕でからだを支える感覚を身につけます。
ヒーローになろう！ジャン・パー	着地のときにバランスをくずさないよう姿勢をキープする練習です。

PART 4 とび箱

1 : 助走・踏みきり

基本のやり方

1 前方にあるとび箱を確認します。

2 とび箱を見続けながら、とび箱までまっすぐ走ります。

3 片足で踏みきります。

4 両足でジャンプします。

助走・踏みきりができるようになるチェックポイント

- ☐ 同じものを見続けることができる
- ☐ まっすぐ走ることができる
- ☐ 対物との距離感がわかる
- ☐ 走るスピードを調整することができる
- ☐ 片足で踏みきることができる
- ☐ 両足でジャンプできる

できていることに☑をつけましょう。
どこを練習すればよいかわかります。

ジグザグに走ってしまう

つまずき A 踏みきりのタイミングが合わない

走ってタッチ♪ (P.86) をやろう！

PART 4 とび箱 ❶ 助走・踏みきり

つまずき B とび箱の前で失速する

走ってぴょーん (P.88) をやろう！

勢いがつかず、踏み込めない

両足でジャンプできない

つまずき C 片足ジャンプになってしまう

ケン・グー・パー ジャンプ！ (P.90) をやろう！

つまずき A 踏みきりのタイミングが合わない を解決！

走ってタッチ♪

目標物を見続けて走ることがねらいです。顔を上げ、前方を見て走るよう意識しましょう。

準備 スタート位置の2〜3m先に目標物を置き（貼り）ます。子どもの視線の高さになる位置に置き（貼り）ましょう。

1 スタート位置から目標物に向かってまっすぐ走ります。

サポート
まっすぐ目標物を見続けられるよう「○○を見て」と声をかけましょう。

🎵 もっと楽しくするヒント！

上手にできたときのごほうびを考えましょう。パズルのピースを一つずつ集める、マスを色で塗るなどの工夫をして、くり返し取り組むことへのやる気を引き出します。

💬 声かけのポイント

顔を上げて前方を見ながら走れたら「しっかり見ることができているね」「まっすぐ走れているね」などとほめましょう。

> **準備するもの**
> ○目標物(シールやぬいぐるみなど、子どもが好きなもの)

> **安全に行うためのポイント**
> つまずかないよう、進行方向の床に障害物がないか確認しましょう。

PART 4 とび箱 ❶ 助走・踏みきり

2 目標物にタッチします。

サポート
スピードがついたまま突進しないよう、「スピードを落とそう」などと声をかけましょう。

Lv 難易度の調整
走る距離を短くすることで、難易度は下がります。距離を長くすることで難易度は上がります。

つまずき B **とび箱の前で失速する** を解決！

走ってぴょーん

助走からリズムよく片足で踏みきる練習です。片足踏みきり、両足着地を確認しましょう。

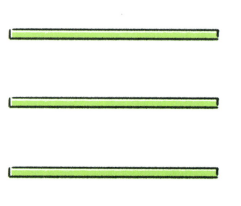

準備 床にマスキングテープで平行な線を3本貼ります。線の間隔は30〜50cm程度にします。

1 1〜2mほど手前から助走して、1本めの線の位置で片足で踏みきります。

サポート
片足踏みきりができない場合は、足型のマークをつけてみましょう。

 **もっと楽しくするヒント！**
踏み込むときや、ジャンプするときに「ぴょーん」などの声をかけてみましょう。「しん、かん、せん」「チャー、シュー、メン」などを、1〜3の動きに合わせて声をかけるのもおすすめです。

 **声かけのポイント**
片足の踏みきりや、両足の着地、両足ジャンプができたときには、ほめましょう。

準備するもの	安全に行うためのポイント
○ マスキングテープ	ジャンプした先の床に障害物がないか確認しましょう。

PART 4 とび箱 ❶ 助走・踏みきり

2 2本めの線までとび、両足で着地します。

3 さらに、そのまま3本めの線まで両足でジャンプし、両足で着地します。

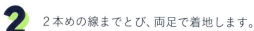

サポート
踏みきる際にバランスをくずしてしまう場合は、保護者が脇に立ち、片手をつないで補助しましょう。

難易度の調整

助走を長くとることで、難易度を上げることができます。ただし、助走が長すぎると、まっすぐ走ることが難しくなったり、スピードがつきすぎたりしてしまいます。長くても3m程度にしましょう。

つまずき C 片足ジャンプになってしまう を解決！

ケン・グー・パー ジャンプ！

片足踏みきりから両足をそろえて着地し、ジャンプまで一連の動作を身につけます。

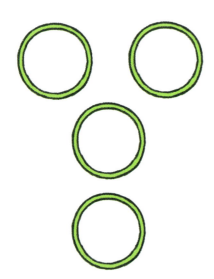

準備 フープを4つ並べます。

1 「ケン（片足とび）、グー（両足着地）、パー（空中ジャンプ）」の順にフープに足を合わせながらとびます。

🎵 もっと楽しくするヒント！

好きな音楽に合わせてリズミカルにやると楽しくできます。ジャンプの高さや距離を競うのもやる気を引き出します。

💬 声かけのポイント

片足の踏みきりや、両足の着地、両足ジャンプができたときには、ほめましょう。

90

準備するもの	安全に行うためのポイント
○ フープ、または足のサイズに合わせたフープ状のもの	フープは足が引っかからないように、厚みのないものを使用しましょう。

サポート

ケン・グー・パーのとび方のお手本を見せましょう。グーのときはひざをしっかり曲げる、パーのときは両足でジャンプすることを示します。

難易度の調整

助走をつけて行うと難易度が上がります。

PART 4 とび箱 ① 助走・踏みきり

2 : 開脚とび乗り

基本のやり方

1 助走します。

2 手を開きます。

3 両手をとび箱につきます。

4 腰を上げながら腕でからだを支えます。

5 とび箱にとび乗ります。

開脚とび乗りができるようになるチェックポイント

- ☐ 同じものを見続けることができる
- ☐ まっすぐ走ることができる
- ☐ 対物との距離感がわかる
- ☐ 走るスピードを調整することができる
- ☐ 両足でジャンプできる
- ☐ 腰を上げることができる
- ☐ 両脚を開いてとび箱に乗ることができる

できていることに☑をつけましょう。どこを練習すればよいかわかります。

つまずき A 手を平行につけられない

ピタッと！つかまえろ！(P.94) をやろう！

左右の手が前後になる

つまずき B とび箱の手前で手がついてしまう

ぴょこぴょこレース (P.96) をやろう！

奥のほうに手をつけられない

つまずき C 手首を使って押し出せない

箱スライダー (P.98) をやろう！

体重を前に移動できない

つまずき A 　**手を平行につけられない** を解決！

ピタッと！つかまえろ！

とび箱に手をつく際、両手を同じタイミングで平行につく感覚を養います。

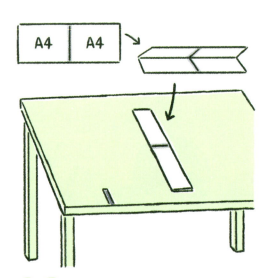

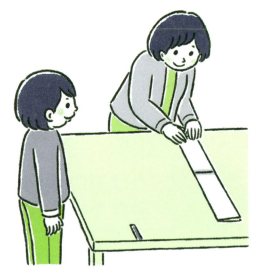

準備　A4用紙を横長に2枚のりでつなげ、さらに細長く四つ折りにします。テーブルの端から10〜20cm程度の位置にマスキングテープを貼ります。手をつく位置の印となります。

1　テーブルの前に立ちます。保護者はテーブルの横に立ち、折った用紙をテーブルの端と平行に置きます。

🎵 もっと楽しくするヒント！

印の位置でぴったり止められたら10点など点数をつけ、「10回やって100点とれるかな」とやる気を引き出しましょう。用紙をスライドさせるスピードは、速くしたり遅くしたりして緩急をつけても楽しいです。

💬 声かけのポイント

両手を同じタイミングでつくことができたら「ぴったりだったね」と声をかけましょう。手の位置も左右そろっていたら「上手だったね」「両手がそろっていたね」とほめましょう。

準備するもの	安全に行うためのポイント
○ Ａ４用紙２枚 ○ のり、またはセロハンテープ ○ マスキングテープ	テーブルの上で行います。手をつく際に手がすべって転倒しないように注意しましょう。

2 保護者は用紙をスライドさせ、子どものほうへ近づけます。

3 マスキングテープの印まで用紙がきたら、両手をついて用紙を止めます。

サポート
手をつくタイミングが左右でずれてしまう場合は、「１、２の３」などと声かけしてタイミングが合うようサポートしましょう。

 **難易度の調整**

両手を振り上げてから用紙を止めるようにすると、難易度が上がります。

PART 4 とび箱 ❷ 開脚とび乗り

95

つまずき B　とび箱の手前で手がついてしまう　を解決！

ぴょこぴょこレース

手をできるだけ遠くにつけ、正しい姿勢でからだを支えることが、ねらいです。

1 ふたりでスタート地点に並び、しゃがみます。ゴール地点を確認します。

2 できるだけ遠くの床に手をつけ、かえるとびをします。

> **サポート**
> かえるとびがわからない場合は、手をつく動作、ジャンプする動作、それぞれのお手本を見せましょう。

♪ **もっと楽しくするヒント！**
かえるになりきって、「ケロケロ」「クワッ」など鳴き声をまねながら楽しんで行いましょう。

💬 **声かけのポイント**
遠くに手をつくことができていたら「上手に手をついているね」とほめましょう。

準備するもの	安全に行うためのポイント
○なし	急ぎすぎて体勢をくずさないよう、伴走者はゆっくりした速度で行いましょう。

PART 4 とび箱 ② 開脚とび乗り

3 かえるとびをくり返し、設定したゴールに向かいます。先にゴールしたほうが勝ちです。

サポート
できるだけ前を向いてかえるとびができるように、「顔を上げよう」と声かけをしましょう。

 難易度の調整

かえるとびのジャンプが難しければ、正座の姿勢から手を前に伸ばして遠くの床につけ、にじり寄るようにして進むと難易度が下がります。腕の力でからだを支えながら移動する練習から始めましょう。

つまずき C 手首を使って押し出せない を解決！
箱スライダー

手首を使ってからだを前に押し出す感覚を身につけます。両手をそろえて行いましょう。

1 箱を床に置きます。箱の手前に立ち、足を肩幅に開きます。

2 両手を箱の上に置きます。

サポート
箱に手をつける印をつけておくと、やりやすくなります。

🎵 もっと楽しくするヒント！
保護者と背中合わせになり、キャッチボールのように箱を交互にすべらせるのも楽しいです。また、すべらせた距離に点数をつけて競ってみると、やる気が引き出せます。

💬 声かけのポイント
両手の力を均等に使えると直線にすべらせることができるので、「まっすぐにできたね」とほめましょう。

準備するもの	安全に行うためのポイント
○ふたつきの箱（両手が置ける程度のサイズ）	前に体重をかけすぎて、前のめりになって転倒しないよう注意しましょう。

3 手で箱を押し下げ、開いた足の間から後ろへと、箱をすべらせます。

PART 4 とび箱 ② 開脚とび乗り

Lv 難易度の調整

箱を重くすると、手首の押し出す力がより必要になるので難易度が上がります。最初は軽い箱からやってみましょう。

3 開脚とび

基本のやり方

1
助走して、片足で踏みきります。

2
両足で踏み込みます。

3
両手を正しい位置につきます。

4
脚を開いてとびます。

5
ジャンプ（とびこえる）時の姿勢をとります。

6
とびこえて着地します。

開脚とびができるようになるチェックポイント

- ☐ 助走して、片足で踏みきることができる
- ☐ 両足でジャンプすることができる
- ☐ 腕でからだを支えることができる
- ☐ ジャンプ姿勢で脚を開くことができる
- ☐ 着地の際、脚を閉じることができる

できていることに☑をつけましょう。
どこを練習すればよいかわかります。

お尻が上がらない

つまずき A 高いジャンプができない

ぴょこぴょこよけよけ（P.102）をやろう！

つまずき B とび箱にお尻がつく

ロケット発射！（P.104）をやろう！

腕でからだを支えられない

姿勢をうまく保てない

つまずき C 着地でバランスがくずれる

ヒーローになろう！
ジャン・パー（P.106）をやろう！

PART 4 とび箱 ❸ 開脚とび

つまずき A 高いジャンプができない を解決！

ぴょこぴょこよけよけ

手でからだの重みを支えながらジャンプし、お尻を高く上げるためのプログラムです。

1 机に両手をついて立ちます。

2 保護者は子どもの後ろでしゃがみます。子どもの足元の左右どちらかに棒を構えます。

サポート
ついた手の位置が左右でずれる場合は、机に印をつけ、手を平行にまっすぐ置けるようにしましょう。

♪ もっと楽しくするヒント！
ジャンプのタイミングで「ぴょーん」「ぼよよーん」など、効果音をつけると楽しい気分になって盛り上がります。

💬 声かけのポイント
お尻を上げてジャンプすることが大切なので、「お尻が上がったね」と意識させましょう。手に重心をかけて垂直方向にジャンプできたら、「まっすぐにとべたね」とほめましょう。

準備するもの
- 棒状のもの（ラップ芯、新聞紙を丸めたもので代用可）

安全に行うためのポイント
机かテーブルを使いますが、お子さんの腰ほどの高さか腰より少し低めの高さのもので行いましょう。

3 保護者は棒を左右に動かします。棒に当たらないよう、子どもは手に重心をかけたまま、ジャンプします。棒を動かすスピードは子どもに合わせて調節します。

サポート
ジャンプするタイミングがつかめない場合は「ジャンプ！」と声をかけましょう。

PART 4 とび箱 ③ 開脚とび

Lv 難易度の調整
タイミングよくジャンプするのが難しければ、棒を使用せず、子どもの腰を持って「1、2のジャンプ！」と軽く持ち上げましょう。難易度を上げるには、両足をそろえて踏み込み、空中で脚を開くようにします。開脚のイメージを身につけさせましょう。

103

つまずき B 　とび箱にお尻がつく を解決！
ロケット発射！

とび箱をとびこす際に必要な、腕でからだを支える感覚と筋力をつけます。

1 壁を背にしてしゃがみます。

2 両手を肩幅に開いて前方のマットにつけます。

サポート
手をつく位置がわからない場合はマットに印をつけましょう。目安として、マットに対してからだが45°の角度でつま先が壁につく位置です。

🎵 もっと楽しくするヒント！
ロケットに見立てた体操なので、足を上げるときには「3・2・1・ゼロ！」とカウントしたり、最後にひざを伸ばしてまっすぐの姿勢になるときは「発射！」などと声をかけ、楽しい雰囲気を演出しましょう。

💬 声かけのポイント
足が少しでも壁につけられたら「自分で支えられているね」「腕に力が入っているね」とほめましょう。

準備するもの	安全に行うためのポイント
○マット、または敷き布団	倒れても安全なように周囲にクッションなどを用意し、保護者は近くで支えられるようにしましょう。

PART 4 とび箱 ❸ 開脚とび

3 足を上げて壁につけ、壁づたいにつま先で壁を登っていきます。

サポート
足が上がらない場合は、足首を持ったり、ひざを抱えたりして逆立ちの体勢をサポートしましょう。

4 ひざを伸ばします。「発射！」と声をかけ、ひじも伸ばしてからだを支えます。

サポート
からだを支えられない場合は、おなかと背中を挟むようにして抱えて補助しましょう。

Lv↑ 難易度の調整

手をつく位置は壁に近づけるほど難易度が上がります。少しずつ壁との距離を縮めてみましょう。最後の逆立ちの体勢をキープする時間を延ばすほど難易度が上がります。少しずつ長くしてみましょう。ただし、無理をして転倒しないように気をつけましょう。

つまずき C　着地でバランスがくずれる を解決！

ヒーローになろう！ジャン・パー

着地のときにバランスをくずさないよう姿勢をキープするためのプログラムです。

1 台の上に立ちます。

2 手足を大の字に広げ、前方にジャンプします。

サポート
足をつく位置がわからない場合は床に印をつけましょう。

🎵 もっと楽しくするヒント！
あらかじめ決めポーズを考えておきましょう。好きなキャラクターをまねて、決めゼリフを言うなどすると楽しく行えます。

💬 声かけのポイント
両足を閉じて着地ができたり、ふらつくことなく着地したら「かっこいいね」「決まったね！」などとほめましょう。

準備するもの	安全に行うためのポイント
○ステップ台	ジャンプする際に台が動かないように注意しましょう。

3 両足を閉じて着地します。着地が決まったら決めポーズをします。

サポート
着地の際にバランスをくずすようなら、保護者と手をつないで行いましょう。

Lv 難易度の調整

台を使わず、前方にジャンプするようにすれば難易度を下げられます。
着地の場所もあらかじめ決め、印をつけるとわかりやすくなります。

おわりに

　本書を手に取り、最後までご覧いただき、誠にありがとうございます。

　私たちは日頃、児童発達支援・放課後等デイサービスの「スタジオそら」に通うお子さんたちに、運動を通した支援を提供しております。

　本書を通じて、私たちのメソッドを、より多くの方に届けられることをうれしく思っています。

　すべての子どもたちが、笑顔で成長することを願って、「運動が好きになること」に重点を置いて書きました。スタジオそらでは、子どもたちが苦手なことについて取り組む際にも、「楽しく」「できた！」を実感してもらうための工夫をしています。

　まず、「この活動を一緒にやってみよう！」と、一緒に取り組むことを促します。先生自身が、楽しいプログラムであると実感を持っていなければ、子どもたちも興味が持てません。そのため、「先生も楽しむことが大切」という前提で取り組んでいます。そして、子どもたちがチャレンジすることができたら、たくさんほめます。

「『怖い』って言っていたけど、挑戦したね」

「ここに手をつくことができたね」

「からだを丸めることができたね」

ささいなことでもすかさず声をかけて、一緒に喜びます。また、子どもたちの興味を引き出すため、好きなキャラクターを活用したり、動物になりきったりして、モチベーションを高める工夫もしています。

　これまで私たちは、一人ひとり、成長スピードも、得意なことも、性格も違う子どもたちに対して、どのように支援したらその子の力が伸びるのだろうかと、たくさん悩み、考えてきました。迷うことも多いのですが、子どもたちの「できた！」の笑顔が、私たちの原動力です。

　本書のプログラムは、そんな現場の先生たちのアイデアが詰まっています。これらのアイデアは、子どもたちとの出会いがなければ生まれません。スタジオそらに通ってくれる子どもたちがいるからこそ、どんなサポートが必要だろうか、どんな声かけがあるとよいだろうかと、子どもと一緒に体験しながら蓄積してきました。そのような体験をともにしてくださった、スタジオそらのお子さんや保護者の方々に、深く感謝申し上げます。

　また、本書を制作するにあたり、出版の機会を与えてくださり、さまざまにご配慮いただいた株式会社河出書房新社様に、心から感謝申し上げます。

アース・キッズ株式会社／スタジオそら／発達障害療育研究所

研究員　土屋 さとみ

著者

スタジオそら／発達障害療育研究所

「スタジオそら」は児童福祉法に基づく児童発達支援、放課後等デイサービスとして、スタジオ療育（屋内活動）、あおぞら療育®（自然体験活動）、イベントの3つの柱で発達支援療育を提供。発達に課題のある子どもたちに個別支援を中心とした支援を行う。運動を楽しみながら、身体機能や認知機能、社会性を高める発達支援メソッドに定評がある。「発達障害療育研究所」では、さまざまな分野の専門家が集まり、子どもたちがよりよい支援を受けられるよう、発達障害や療育に関する最新の研究・調査、情報発信を行っている。

HP https://studiosora.jp

小関俊祐

桜美林大学准教授。「発達障害療育研究所」「スタジオそら」顧問。「Child Lab」監修者。公認心理師、臨床心理士、認知行動療法スーパーバイザー®
執筆：P.18〜23、COLUMN ❶〜❸

土屋さとみ

「発達障害療育研究所」研究員。公認心理師、臨床心理士、専門健康心理士、日本ストレスマネジメント学会認定ストレスマネジメント®実践士。「Child Lab」監修者
執筆：P.8〜17、P.26、P.54、P.82

協力スタッフ

スタジオそら

神谷沙織／酒井直哉／佐々木祐介／髙杉詠史／中村祐里／橋本真佐美

発達障害療育研究所

西岡真一郎（CHO）／檜山博一（事務局長）／坂斉彩

書籍制作スタッフ

デザイン	田山円佳（スタジオダンク）
イラスト	オオイシチエ
校正	石井文雄
編集	村松千絵（有限会社クリーシー）

本書の内容に関するお問い合わせは、お手紙かメール（jitsuyou@kawade.co.jp）にて承ります。恐縮ですが、お電話でのお問い合わせはご遠慮くださいますようお願いいたします。

できた！がふえる　運動が好きになる！
スタジオそら式
おうちでできるマット・鉄棒・とび箱

2025年2月18日　初版印刷
2025年2月28日　初版発行

著　者	スタジオそら／発達障害療育研究所	
発行者	小野寺優	
発行所	株式会社河出書房新社	
	〒162-8544　東京都新宿区東五軒町2-13	
	電話　03-3404-1201（営業）	
	03-3404-8611（編集）	
	https://www.kawade.co.jp/	

印刷・製本　三松堂株式会社

Printed in Japan
ISBN978-4-309-29469-8

落丁本・乱丁本はお取り替えいたします。
本書のコピー、スキャン、デジタル化等の無断複製は著作権法上での例外を除き禁じられています。本書を代行業者等の第三者に依頼してスキャンやデジタル化することは、いかなる場合も著作権法違反となります。

スタジオそら／発達障害療育研究所よりお知らせ

すべての子どもたちの健やかな成長を支える

チャイルド ラボ
Child Lab®

Child Labは、記事や動画で育児・保育・療育に関する

さまざまな支援について情報を提供する総合情報メディアです。

育児や保育に必要な知識のほか、発達障害についての解説や、

発達障害の種類ごとによく見られる言動、

子どものやる気を促すための支援方法まで、

記事または動画でお伝えしています。

※「スタジオそら®」「発達障害療育研究所®」「発達支援療育士®」「Child Lab®」は登録商標です。
※本書で紹介しているプログラムは、お子さんの状況に合わせて無理をせず、安全に配慮して行ってください。
※本書で紹介しているプログラムについて商用利用をご希望の場合は、「スタジオそら」公式ホームページ内にある、お問い合わせフォームから事前にご連絡をいただけますようお願いします。

チャイルド ラボ